RÉPUBLIQUE FRANÇAISE.

MINISTÈRE DE L'INTÉRIEUR.

DIRECTION DE LA SÛRETÉ GÉNÉRALE.

ÉTAT

FAISANT CONNAÎTRE LA RÉSIDENCE ACTUELLE

DES PERSONNES ÉVACUÉES

DU DÉPARTEMENT DU PAS-DE-CALAIS.

(CE FASCICULE CONTIENT 5 LISTES.)

12ᵉ LISTE.

...ham (Victorine) et fam., d'Hénin-Liétard, à Montauban, Tarn-et-Gar.
...ham (Élodie), d'Hénin-Liétard, à Montauban, Tarn-et-Garonne.
...t (Joseph), de Lens, à Pujols, Ariège.
...t (Achille), de Liévin, à Pujols, Ariège.
...andre (Charles) et fam., d'Arras, à Saint-Symphorien, Haute-Vienne.
...t (Jean-Baptiste), de Lens, à Flavignac, Haute-Vienne.
...neus (Albert), de Lens, à Léojac, Tarn-et-Garonne.
...min Marcel, de Billy-Montigny, à Montauban, Tarn-et-Garonne.
...an (Léontine), de Montigny-en-Gohelle, à Belesta, Ariège.
...gond Louis, de Bucquoy, à Illiers, Eure-et-Loir.
...rt (Flavie), de Guines, à Migennes, Yonne.
...ust (Édouard), de Saint-Léger, à Saint-Auvent, Haute-Vienne.
...r (Charles), de ....., à Thouron, Haute-Vienne.
...p (Jean-Marie), de Lens, à Mirepoix, Ariège.
...eux (Félix), de ....., à Linards, Haute-Vienne.
...lier (Gyselle), de Berck, à Niort, Deux-Sèvres.
...ty (Yvonne), de Ficheux, à Saint-Boil, Saône-et-Loire.
...eur (Fernand), de ....., à Saint-Léger-Magnazeix, Haute-Vienne.
...let (Louis), de Bully-Grenay, à Belesta, Ariège.
...l (Alfred), de Bully-Grenay, à Belesta, Ariège.
...l (Cécile), de Torcy, à Plœuc, Côtes-du-Nord.
...l (Pierre), de Grenay, à Montauban, Tarn-et-Garonne.
...t (Germaine), de Liévin, à Villeneuve-du-Parcage, Ariège.
...(Jean-Baptiste), de ....., à Linards, Haute-Vienne.
...(Joseph), de Roux, à Septfonds, Tarn-et-Garonne.
...aux (Marie) et fam., d'Avion, à Sancheville, Eure-et-Loir.
...ard (Luisa) et fam., de Neuville-Vitape, à Gilles, Eure-et-Loir.
...and (Léon), de Ficheux, à Saint-Boil, Saône-et-Loire.
...n (Zéphir), de Thélus, à Blesle, Haute-Loire.
...ancourt (Zulma), de Ronsard, à Saint-Boil, Saône-et-Loire.
...n (Joseph), d'Auchy-les-Hesdin, à Illiers, Eure-et-Loir.
...n (Fernande), d'Auchy-les-Hesdin, à Illiers, Eure-et-Loir.
...ny (Louis), de Méricourt-sous-Lens, à Chaptelat, Haute-Vienne.
...net (Louis), d'Arras, à Deschaux, Jura.
...t (Marie), d'Hénin-Liétard, à Illiers, Eure-et-Loir.
...t (Louis), de Fouquières-les-Lens, à Saint-Auvent, Haute-Vienne.
...(Catherine), d'Avion, à Sainte-Florine, Haute-Loire.
...chot (Edmond) et fam., de Sallaumines, à Montceau-les-M., Saône-et-L.
...chot (Évrard), de Sallaumines, à Montceau-les-Mines, Saône-et-Loire.
...nane (Victor), de Sallaumines, à Montceau-les-Mines, Saône-et-Loire.
...(Oscar), de ....., à La Roche-l'Abeille, Haute-Vienne.
...uart (Théophile), de ....., à Flavignac, Haute-Vienne.
...aux (Arthur), d'Hénin-Liétard, à Flavignac, Haute-Vienne.
...rux (Adélaïde), de Billy-Montigny, aux Bordes-sur-Arize, Ariège.
...(Émile), de Guines, à ....., Yonne.
...n (Hermance) et fam., d'Avion, à Prayols, Ariège.
...(Désiré), de Méricourt, à Flavignac, Haute-Vienne.
...(Pierre), de Courtelles-Lens, à Châtenet-en-Dognon, Hte-Vienne.
...(Jeanne), d'Arras, à Versailles, Seine-et-Oise.
...(Henri), d'Arras, à Versailles, Seine-et-Oise.

Pas-de-Calais.

Bouchez (Achille), de Lens, à Saint-Sardos, Tarn-et-Garonne.
Bourgogne (Kléber) et fam., de Ficheux, à Saint-Boil, Saône-et-Loire.
Bouthemy (Henri) et fam., de Harnes, à Lagarde, Ariège.
Boursier (Élisabeth), d'Aunay, à La Rochelle, Charente-Inférieure.
Bourguignon (Germain), de ....., à St-Léger-Magnazeix, Haute-Vienne.
Brassart (Jean) et son épouse, de Boulogne-sur-Mer, à Nantes, Loire-Infér.
Bretelle (Jules), de Loos-en-Gohelle, à Châtonet-en-Dognon, Haute-Vienne.
Breuvar (Octavie) et fam., de Ransard, à Saint-Boil, Saône-et-Loire.
Bretenieux (Alphonse), de Montreuil-sur-Mer, à Chaussin, Jura.
Bréda (Jean), de Hulluch, à Laroque-d'Herm, Ariège.
Briquet (Augustin), de Billy-Berclaux, à Septfonds, Tarn-et-Garonne.
Bricout (Jules), du Forest, à Montauban, Tarn-et-Garonne.
Brisset (Émile), de Pont-de-la-Deûle, à Meudon, Seine-et-Oise.
Briche (Pierre), de Violaines, à Montceau-les-Mines, Saône-et-Loire.
Brisset (René), de Pont-de-la-Deûle, à Meudon, Seine-et-Oise.
Brugues (Simone) et fam., d'Arras, à Montauban, Tarn-et-Garonne.
Brunet (Antoine), de Fouquières-les-Lens, à Montceau-les-Mines, Saône-et-L.
Brutel (Gabrielle), de Bois-Bernard, à Ligny-le-Ribault, Loiret.
Brutel (Marthe), de Bois-Bernard, à Ligny-le-Ribault, Loiret.
Bruchet (François), de Liévin, à Flavignac, Haute-Vienne.
Brune (Hortense) et fam., de Clerques, à Caussade, Tarn-et-Garonne.
Brugnot (Claude), de Salaumines, à Soustons, Landes.
Buriez (Louis), de ....., à Rancon, Haute-Vienne.
Russès (Edouard), de Coyecques, à Villeneuve-du-Paréage, Ariège.
Caby (Charles) et fam., de Vendin-le-Vieil, à St-Léonard, Hte-Vienne.
Cadoret (Marie) et fam., de Sallaumines, à Montauban, Tarn-et-Garonne.
Cailleretz (Augustin) d'Hénin-Liétard, à Ladignac, Haute-Vienne.
Calegari (Angélique) et fam., de Noyer-sur-Lens, à Montauban, Tarn-et-Gar.
Calippe (Alfred), d'Hénin-Liétard, à Illiers, Eure-et-Loir.
Calloret (Joseph), de Brévillers, à Longwy, Jura.
Canivet (Ghislain), d'Écourt-St-Quentin, à Massy, Seine-et-Loire.
Capron (Maurice), de Crohehem, à Peyrat-le-Château, Haute-Vienne.
Cappe (Louis), d'Haisle, à Sanvignes, Saône-et-Loire.
Caron (Henri), de Brucy, à Lagarde, Ariège.
Carlier (Augustin), de Billy-Montigny, à Vincent, Jura.
Carbonnier (Charles), d'Arras, à Illiers, Eure-et-Loir.
Carpentier (Eugénie), de Vitry-en-Artois, à Orléans, Loiret.
Chélier (Gustave), de ....., à La Roche-l'Abeille, Haute-Vienne.
Caron (Marie) et fam., de Sauzé-Voussais, Deux-Sèvres.
Caron (Émile), de Montigny-en-Gohelle, à Montauban, Tarn-et-Garonne.
Castel (Louis), de Billy-Montigny, à Chaptelat, Haute-Vienne.
Castelain (Richard) et fam., de Liévin, à Montceau-les-Mines, Saône-et-Loire.
Catin (Séraphin), de Montreuil-sur-Mer, à Chaussin, Jura.
Cat (François), de Pont-à-Vendin, à La Vieille-Loye, Jura.
Gauwels (Henri), de Lens, à Châlus, Haute-Vienne.
Cauet (Paul), d'Arras, à Longwy, Jura.
Chevalier (Jeanne) et fam., de Wingles, à Laguépie, Tarn-et-Garonne.
Chevalier (Amédé), de Lanibres, à Maisse, Seine-et-Oise.
Choquet (Charles), d'Arras, à Ladignac, Haute-Vienne.
Chouquel (Jeanne), de Ransard, à Saint-Boil, Saône-et-Loire.

Chopin (Jules), de Brebières, à Vincent, Jura.
Cleuniet (Jeanne) et fam., d'Arras, à Illiers, Eure-et-Loir.
Clique (Arthur), d'Hénin-Liétard, à Illiers, Eure-et-Loir.
Clouet (Victor), de ..., à Linards, Haute-Vienne.
Cointrel (François), de Lens, à Montauban, Tarn-et-Garonne.
Collard (Joseph), d'Auby, à Montceau-les-Mines, Saône-et-Loire.
Colliot (Emile), de Dourges, à Corbeil, Seine-et-Oise.
Corbisé (Henri) et enf., de Carvin, à Montceau-les-Mines, Saône-et-Loire.
Collard (Kléber), de Wingles, à Montceau-les-Mines, Saône-et-Loire.
Comble (Kléber) et fam., de Neuville-Vitasse, à Molay, Jura.
Copin (Marie), de Billy-Berclaux, à Septfonds, Tarn-et-Garonne.
Corbisé (Henri), de Carvin, à Uza, Landes.
Cossart (Constantin), d'Hénin-Liétard, à Châteauneuf-sur-Loire, Loiret.
Courtin (Eléonore) et fam., d'Hénin-Liétard, à Illiers, Eure-et-Loir.
Cousin (Charles), d'Estrées-Blanche, à Meslay-le-Vidame, Eure-et-Loir.
Couratte (Jules), de ..., à Linards, Haute-Vienne.
Couvillers (Joseph), de Ruy, à La Roche-l'Abeille, Haute-Vienne.
Courtin (Alphonse), d'Avion, à Finhan, Tarn-et-Garonne.
Candelier (Jean), de Fouquières-les-Lens, à Compignan, Tarn-et-Goronne.
Coustenolle (Aline), de Neuve-Chapelle, à Brunoy, Seine-et-Oise.
Coupé (Pierre), de Drocourt, à Saint-Etienne, Loire,
Couturiaux (Honoré), d'Hénin-Liétard, à Brunoy, Seine-et-Oise.
Couturiaux (Honoré), d'Hénin-Liétard, à Brunoy, Seine-et-Oise.
Cresson (Joséphine), de Souchez, à La Jarrie, Charente-Inférieure.
Crépin (Achille), d'Arras, à Darnac, Haute-Vienne,
Crepelle-Lefèvre, d'Athis-les-Arras, à Grosley, Seine-et-Oise.
Croccel (Louis), d'Haisnes, à Saint-Auvent, Haute-Vienne.
Cuvelier (Henri), de Saint-Nicolas, à Amilly, Eure-et-Loir.
Cuvillier (Jean), d'Harnes, à Meillan, Basses-Pyrénées.
Dachez (Henri), de Lesars, à Gatey, Jura
Damelincourt (Abel), de Mercatelle, à Saint-Boil, Saône-et-Loire.
Damions (Vigor), de Saint-Laurent-Blangy, à Ladignac, Haute-Vienne.
Daniel (Louis), de Bully-Grenay, à Saint-Etienne, Loire.
Dangroux (Félicien), de Saint-Omer, à Saint-Etienne, Loire.
Dautiez (Clémentine) et fam., de Douchy-les-Ayettes, à Tavaux, Jura.
Debauquenue (Jules), d'Harnes, à Limoges, Haute-Vienne.
Debonne (Henri), d'Arras, à Saint-Pardoux, Haute-Vienne.
Debuyne (Blondine) et fam., de Clerques, à Caussade, Tarn-et-Garonne.
Debuat (Félix), de Pont-à-Vendin, à Castelsarrasin, Tarn-et-Garonne.
Décoster (Marie), d'Arras, à Versailles, Seine-et-Oise.
Decrock (Hector), de Vavrin, à Montfaucon, Haute-Loire.
Decroix (Gaston), de ..., à Linards, Haute-Vienne.
Declunder (Emile), de Lens, à Chaptelat, Haute-Vienne.
Decoster (Florent), d'Arras, à Versailles, Seine-et-Oise.
Defilippi (Dominique) et enf., de Sallaumines, à Saint-Etienne, Loire.
Defilippi (Philip), de Sallaumines, à Saint-Etienne, Loire.
Duguey (Henri), de ..., à Rancon, Haute-Vienne.
Dégardin (Arthur), de Lens, à Léojac, Tarn-et-Garonne.
Deguin (Jeanne), de Courrières, à Mée, Eure-et-Loir.
Deguines (Pierre) et fam., de Vermelles, à Bénaix, Ariège.
Dequin (Jean-Baptiste), d'Arras, à Celles-sur-Belle, Deux-Sèvres.
Dehay (Jules), de Drancourt, à Saint-Victor-de-Buthon, Eure-et-Loir.
Dehaud (Emile), de Liévin, à Saint-Etienne, Loire.
Dehnuydt (Sophie), de Loos-en-Gohelle, à Luzenac, Ariège.
Delattre (Marceau), de Montreuil-sur-Mer, à Chaussin, Jura.
Delépine (Jules), de Martimpuich, à Gatey, Jura.
Delruc (François), de Lens, à Saint-Etienne, Loire.
Delettré (Marie), d'Arnes, à Saint-Etienne, Loire.
Delplanque (Blanche), de Vimy, au Loroux, Seine-Inférieure.
Delchaye (Albert) et fam., de St-Laurent-Blangy, à Mennecy, S.-et-Oise.
Delière (Marcel) de Salaumines, à Corbeil, Seine-et-Oise.
Delambre (Hélène) et fam., de Ficheux, à Saint-Boil, Saône-et-Loire.
Delvincourt (Jean-Baptiste) et fam., de Carvin, à Montceau-les-M., S.-et-L.
Delcroix (Camille), d'Harnes, à Montceau-les-Mines, Saône-et-Loire.
Deledicq (Léon), de Lens, à Montceau-les-Mines, Saône-et-Loire.
Delabroye (Pierre) et fam, de Wingles, à Montceau-les-Mines, Saône-et-L.
Deloffre (Henri), d'Ecourt-Saint-Quentin, à Illiers, Eure-et-Loir.
Delplanque (Jeanne), de Vimy, au Leroux, Loire-Inférieure.
Dubuc (Angélique), de Liévin, au Puy, Haute-Loire.
Delvincourt (Jean-Baptiste), de Carvin, à Uza, Landes.
Delattre (Laure) et fam., d'Harnes, à Lagarde, Ariège.
Deloffre (François), de Vimy, à Saint-Auvent, Haute-Vienne.
Delots (Édouard), de Liévin, à Flavignac, Haute-Vienne.
Delsalle (Jules), d'Armentières, à Varen, Tarn-et-Garonne.
Delvoyé (Nicolas), de Calais, à Montauban, Tarn-et-Garonne.
Delais (Alfred), d'Avion, à Saint-Porquier, Tarn-et-Garonne.
Delannoy (Victor), de ..., à Bercq-sur-Airvault, Deux-Sèvres.
Deleporte (Ernest), de ..., à Cieux, Haute-Vienne.
Delmaire (Léon), de Lens, à Chaptelat, Haute-Vienne.
Demets (Vincent), de Lens, à Léojac, Tarn-et-Garonne.

Demouliez (Fernand), de Rœux, à Illiers, Eure-et-Loir.
Denain (Elisa), de Billy-Montigny, à La Ferté-Villeneuil, Eure-et-Loir.
Denis (Sabine) et enf., d'Athis-les-Arras, à Grosley, Seine-et-Oise.
Denis (Sabine) et fam., d'Athis-les-Arras, à Grosley, Seine-et-Oire.
Deprieck (Henri), de ..., à Linards, Haute-Vienne.
Deplanque (Marcel), de Fouquières-les-Lens, à Saint-Auvent, Haute-Vienne.
Deprieck (Henri), de ..., à Linards, Haute-Vienne.
Depyle (Flore), de Liévin, à Taverny, Seine-et-Oise.
Deprétz (Omérine) et fam., de Lens, aux Issards, Ariège.
Derancourt (Georges), de Boiry-Saint-Martin, à Saint-Boil, Saône-et-Loire.
Derache (Elie), de Vitry, à Illiers, Eure-et-Loir.
Deruelle (Alphonsine) et enf., de Ficheux, à Saint-Boil, Saône-et Loire.
Derlet (Adolphine) et fam., de Lens, à Illiers, Eure-et-Loir.
Deruy (Rosa) et fam., de Bully-les-Mines, à Bélesta, Ariège.
Derambure (Léon), de Saint-Nicolas-Arras, à Ladignac, Haute-Vienne.
Derach (Arthur), d'Hornes, à Saint-Auvent, Haute-Vienne.
Deroux (Augustine), de ..., à La Roche-l'Abeille, Haute-Vienne.
Deroux (Alfred), d'Hénin-Liétard, à Saint-Etienne, Loire.
Deruy (Marie), de Boiry-Saint-Rictrude, à Saint-Boil, Saône-et-Loire.
Desailly (Rosa) et fam., de Ficheux, à Meslay-le-Vidame, Eure-et-Loir.
Despretz (Edouard), d'Hénin-Liétard, à Saint-Etienne, Loire.
Desmolin (Edouard), de Liévin, à Saint-Etienne, Loire.
Desailly (Pierre) et fam., d'Oignies, à Chissey, Jura.
Desprez (Ferdinand), de Carvin, à Orléans, Loiret.
Dessinges (Alfred), de Billy-Montigny, à Chaptelat, Haute-Vienne.
Desckodt (Paul), de ..., à Cussac, Haute-Vienne.
Desfosses (François), de ..., à Cieux, Haute-Vienne.
Dessert (Joseph), de Marquise, à Lamothe-Capdeville, Tarn-et-Garonne.
Detève (Marie), de Montigny-en-Gohelle, à Orléans, Loiret.
Deurache (Marthe), de Neuville-Vitasse, à Molay, Jura.
Devermel (Emile), de ..., à Linards- Haute-Vienne.
Deyon (Maurice), de Blancafort, à Saint-Etienne, Loire.
Dhenin (Héléna) et enf., de Neuville-Vitasse, à Molay, Jura.
Dieudonné (Louis) et enf., de Carvin, à Montceau-les-Mines, Saône-et-L.
Dieudonné (Louis), de Carvin, à Uza, Landes.
Dilly (Henri), de Foncquevillers, à Illiers, Eure-et-Loir.
Dilly (François), de Givenchy-en-Gohelle, à Chatou, Seine-et-Oise.
Dilly (Camille), de Givenchy-en-Gohelle, à Chatou, Seine-et-Oise.
Dissart-Mirloret (Eugénie) et enf., de Méricourt, à Ste-Florine, H.-Loire.
Douvrain (Marie), d'Avion, à Châteauneuf-sur-Loire, Loiret.
Douchy (Europe), de Billy-Montigny, à Montauban, Tarn-et-Garonne.
Drancourt (Franc), de Croisilles, à Saint-Mard, Charente-Inférieure.
Drapier (Nicolas), de Liévin, à Villeneuve-du-Paréage, Ariège.
Drapier (Julien), de Liévin, à Villeneuve-du-Paréage, Ariège.
Drancourt (Marie) et enf., de Neuville-Vitasse, à Molay, Jura.
Drouin (Paul), de Cravin à Dax, Landes.
Dubois (Lucie) et fam., de Liévin, à Saint-Girons, Ariège.
Dubois (Jeanne) et fam., de Lens, à Saint-Girons, Ariège.
Deldrève (Denise) et enf., de Liévin, au Puy, Haute-Loire.
Dubart (Charles), d'Arras, à Illiers, Eure-et-Loir.
Dubois (Fleurus), de ..., à Cieux, Haute-Vienne.
Dubroeucq (Alphonse), de Lens, à Glandon, Haute-Vienne.
Dussart (Pierre), de Rouvroy, à Champsac, Haute-Vienne.
Dubar (Germain), de Courrières, à Montauban, Tarn-et-Garonne.
Dufossé (Laurent), de Grenay, à Sancheville, Eure-et-Loir.
Dufossé (Laurent), de Grenay, à Sancheville, Eure-et-Loir.
Dufranne (Gustave), de Lille, à Saint-Etienne, Loire.
Dufour-Mazingue (Eugène), d'Hénin-Liétard, à Châteauneuf-s.-L., Loiret.
Dufour (Céline), d'Hénin-Liétard, à Châteauneuf-sur-Loire, Loiret.
Dufossé (Louis), de Coyecques, à Villeneuve-du-Paréage, Loiret.
Dufour (Kléber), de ..., à Linards, Haute-Vienne.
Dufour (Kléber), de ..., à Linards, Haute-Vienne.
Duflos (Cyrille), de Wingles, à Saint-Auvent, Haute-Vienne.
Dupas (Jules), de Lens, à Chaptelat, Haute-Vienne.
Dupichaud (Charles), et enf., de Liévin, à Attainville, Seine-et-Oise.
Dupont (Jeanne) et enf., de Vendin-le-Vieil, à Andrésy, Seine-et-Oise.
Duquenne (Fernand), d'Arras, à Ladignac, Haute-Vienne.
Duquesnoy (Joséphine), de Montreuil-sur-Mer, à Chaussin, Jura.
Duquesne (Charles), de Sars, à Longwy, Jura.
Duriez (Marie) et enf., de Liévin, à Bélesta, Ariège.
Durand (Fernand), de Lens, à Mirepoix, Ariège.
Dutilleul (Gaston), de ..., à Linards, Haute-Vienne.
Dutilleul (Gaston), de ..., à Linards, Haute-Vienne.
Es (Camille), de Clerques, à Caussade, Tarn-et-Garonne.
False (Augustine) et fam., de Lens, à Saint-Girons, Ariège.
Falempin (Maria), d'Hénin-sous-Cojeul, à Illiers, Eure-et-Loir.
Ferbus (Elise), de Bucquoy, à Mée, Eure-et-Loir.
Fèvre (Léopold), de Sallaumines, à Ladignac, Haute-Vienne.
Ficheux (Charles), de Sallaumines, à Montceau-les-Mines, Saône-et-Loire.
Fief (Aurélie) et enf., de Bucquoy, à Mée, Eure-et-Loir.
Fomarier (Elie), d'Hénin-Liétard, à Herblay, Seine-et-Oise.

Fossé (Edwige), de Liévin, à Luzenac, Ariège.
Fossé (Juliette), de Liévin, à Luzenac, Ariège.
Fouray (Émile), d'Ardres, à Caussade, Tarn-et-Garonne.
Fournier (Émile), de..., à Flavignac, Haute-Vienne.
Fournier (Georges) et fam., de Liévin, à Montceau-les-Mines, Saône-et-Loire.
Fournier (Marthe) et enf., de Liévin, à Sannois, Seine-et-Oise.
Foulon (Irma) et fam., de Lens, à Saint-Étienne, Loire.
Fournier (Julien), de Billy-Montigny, à Vincent, Jura.
François (Annette) et fam., de Meurchin, à Morgasne, Landes.
Fraisier (Céline) et enf., de Cuinchy, à Mirabel, Tarn-et-Garonne.
Marie (Victor), de Liévin, à Saint-Étienne, Loire.
Frémy (Antoine), de..., à La Roche-l'Abeille, Haute-Vienne.
Fredeveaux (François), de Fouquières-les-Lens, à Pompignan, Tarn-et-Gar.
Gaillard (Eugène) et fam., de Berles-au-Bois, à La Ferté-Verneuil, L.-et-G.
Galet (Georges), d'Arras, à Châlus, Haute-Vienne.
Galet (Ernest), de..., aux Linards, Haute-Vienne.
Gauthier (François), de Liévin, à Chaptelot, Haute-Vienne.
Gautier (Adeline), de Lens, à Outarville, Loiret.
Gavelle (Nestor), d'Hénin-Liétard, à Illiers, Eure-et-Loir.
Girard (Claude), d'Annay, à Saint-Auvent, Haute-Vienne.
Giron (Charles) et fam., d'Hénin-Liétard, à Montauban, Tarn-et-Garonne.
Gobron (Marie), de Ligny-le-Petit, à Boissy-l'Aillerie, Seine-et-Oise.
Gosselin (Jean-Baptiste), de..., à Rancon, Haute-Vienne.
Gossart (Jérôme) et enf., d'Arras, à Taverny, Seine-et-Oise.
Goudemand (Paul), de Méricourt, à Illiers, Eure-et-Loir.
Gravelin (Émile), de Fouquières-les-Lens, à Saint-Auvent, Haute-Vienne.
Grard (Jean-Baptiste), de Meurchin, à Montauban, Tarn-et-Garonne.
Grard (François), de Meurchin, à Montauban, Tarn-et-Garonne.
Gres (Anna), de Baris-Fosseux, à Niort, Deux-Sèvres.
Grassard (André), de Rousarde, à Saint-Boil, Saône-et-Loire.
Grard (Paul), de Beaumont-en-Artois, à Ladignac, Haute-Vienne.
Gravier (Arthur), de..., à Rancon, Haute-Vienne.
Grebert (Albert), de..., à Salles-Lavauguyon, Haute-Vienne.
Grélic (Victor), de Carvin, à Dax, Landes.
Guent (Gustave), de Montreuil-sur-Mer, à Chaussin, Jura.
Gueslin (Armand), de..., aux Linards, Haute-Vienne.
Guilbert (Lucienne), de Calais, à Atimagne, Charente-Inférieure.
Goupeaud (Célina), de Sallaumines, à Bressols, Tarn-et-Garonne.
Guilly (Jean-Baptiste), de Liévin, à Montceau-les-Mines, Saône-et-Loire.
Guillemin (Auguste) et enf., de Lens, à Chissey, Jura.
Guillain (Adolphe) et fils, de Noyelles-sous-Lens, à Annoire, Jura.
Hocnick (Gilbert), de..., à Flavignac, Haute-Vienne.
Hallin (François), de Douvrain, à Saint-Auvent, Haute-Vienne.
Herman (Jean), de..., à La Roche-l'Abeille, Haute-Vienne.
Harlay (Maurice), de Muny-Nieurlet, à Poissy, Seine-et-Oise.
Heurier (Octave), de..., à Dougwy, Jura.
Heeth (Anatole), de..., à Salles-Lavauguyon, Haute-Vienne.
Hanquet (Eugène), de Lens, à Chaptelot, Haute-Vienne.
Herard (Laurent), de..., aux Linards, Haute-Vienne.
Henry (Delphine), de Ficheux, à Chalon-sur-Saône, Saône-et-Loire.
Herogueh (Augustin), de..., à Cieux, Haute-Vienne.
Hergilo-Léopold, de..., aux Linards, Haute-Vienne.
Herbaut (Fernand), de..., aux Linards, Haute-Vienne.
Hermant (Marie), de Loos-en-Gohelle, à Saint-Girons, Ariège.
Hermant (Julienne), de Loos-en-Gohelle, à Saint-Girons, Ariège.
Herber (Albert) et fam., de Lens, à Montceau-les-Mines, Saône-et-Loire.
Hermand (Albert), d'Arras, à Deschaux, Jura.
Heuton (Julien) et fam., de Rouvroy, à Montceau-les-Mines, Saône-et-Loire.
Heysen (Henri) et fam., de Lens, à Montceau-les-Mines, Saône-et-Loire.
Heysen (Henri), de Liévin, à Châtenet-en-Dognon, Haute-Vienne.
Hicht (Anatole), de Fouquet-les-Lens, à Châtenet-en-Dognon, Hte-Vienne.
Hocq (Jean-Louis) et fam., de..., à La Roche-l'Abeille, Haute-Vienne.
Honoré (Edmond), de Montreuil-sur-Mer, à Chaussin, Jura.
Houplain (Lucien), d'Arras, à Châlus, Haute-Vienne.
Housieaux (Emery), d'Aunay, à Saint-Auvent, Haute-Vienne.
Hubert (Albert) et fam., d'Arras, à Deschaux, Jura.
Huel (Albert), de..., à La Roche-l'Abeille, Haute-Vienne.
Huleux (Émile), de..., à Salles-Lavauguyon, Haute-Vienne.
Hul (Olivier), de..., à La Roche-l'Abeille, Haute-Vienne.
Holot (Édouard), de Montreuil-sur-Mer, à Chaussin, Jura.
Jacques (Léon), de Bucquoy, à Illiers, Eure-et-Loir.
Jacques (Joseph), de Barlaire, à Castelsarrasin, Tarn-et-Garonne.
Jauret (Joseph), de Billy-Montigny, à Mas-Grenier, Tarn-et-Garonne.
Jeanjean (Émile) et fam., de Bois-Bernard, à Laguépie, Tarn-et-Garonne.
Joly (Arthur), de..., à Saint-Léger-Magnareix, Haute-Vienne.
Jorgemon (Alexandre), de Liévin, à Saint-Auvent, Haute-Vienne.
Joyez (Eugène), de Liévin, à Finhan, Tarn-et-Garonne.
Juillet (Pierre), de..., aux Linards, Haute-Vienne.
Knockaert (Vedast), de Lens, à Léojac, Tarn-et-Garonne.
Kolbicki (Boleslas) et fam., de Billy-Montigny, à Montauban, Tarn-et-Gar.
Labouse (Josué) et fam., de Vendin-le-Vieil, à Espaly-St-Marcel, Hte-Loire.

Pas-de-Calais.

Laby (Fernand), de Lille, à Sarcelles, Seine-et-Oise.
Labille (Armance) et fam., d'Avion, à Sancheville, Pas-de-Calais.
Lacroix (Adèle) et enf., de Drocourt, à Choisey, Jura.
Ladent (Jean-Baptiste), de Montigny-en-Gohelle, à Ladignac, Hte-Vienne.
Ladent (Alfred), de..., à Thouron, Haute-Vienne.
Lagadec (Charles), de Méricourt, à Châtenet-en-Dognon, Haute-Vienne.
Lagarde (Julien), de Liévin, à Montceau-les-Mines, Saône-et-Loire.
Lainelle (Maxime), de Fouquières-les-Lens, à Bressols, Tarn-et-Garonne.
Laffart (Henri), de Souchez, à Peyrat-le-Château, Haute-Vienne.
Lamour (Julia) et enf., de Béthune, à Conflans-Ste-Honorine, Seine-et-O.
Lantoine (Edm.) et f., de Tilloy-les-Mofflaines, à Conches-l.-Mines, S.-et-L.
Lancial (Vve) et enf., de Bruay, à Finhan, Tarn-et-Garonne.
Langlan (Michel), de Loison-sous-Lens, à Montauban, Tarn-et-Garonne.
Lapôtre (Louis), de Bruay, à La Geney-Donse, Haute-Vienne.
Larue (Jean-Baptiste), de Rambeaucourt, à Bélesta, Ariège.
Lasier, de..., à Saint-Léger-Magnazeix, Haute-Vienne.
Lasselin (Oscar) et fam., de Lens, à Montceau-les-Mines, Saône-et-Loire.
Laubershesmer (Maurice), de..., à Rancon, Haute-Vienne.
Laurent (Augustin), de Vendin-le-Vieil, à Bressols, Tarn-et-Garonne.
Laude (Marie), de Vitry-en-Artois, à Orléans, Loiret.
Laude (Noémie), de Vitry-en-Artois, à Orléans, Loiret.
Lavisse (Louis), de..., à La Roche-l'Abeille, Haute-Vienne.
Leborgne (Henri), de Flers, à Mirepoix, Ariège.
Lebas (Bélomin), de Mazingarbe, à Nozay, Seine-et-Oise.
Lebacq (Louis), de Courrières, à Montceau-les-Mines, Saône-et-Loire.
Leclerc (Paul) et fam., d'Isbergues, à Viroflay, Seine-et-Oise.
Lecocq (Isabelle) et enf., de Neuve-Chapelle, à Brunoy, Seine-et-Oise.
Lecocq (Edmond) et fam., de Neuve-Chapelle, à Brunoy, Seine-et-Oise.
Lecomte (Alfred) et fam., de Puisieux, à Meslay-le-Vidame, Eure-et-Loir.
Ledoux (Désiré) et fam., de Lille, à Montauban, Tarn-et-Garonne.
Ledent (Henri), de Méricourt-sous-Lens, à Montrélais, Loire-Inférieure.
Ledru (Cyrille), d'Arras, à Illiers, Eure-et-Loir.
Lefebvre (Florent), de..., à Cieux, Haute-Vienne.
Lefebvre (Augustin) et fam., de Carvin, à Saint-Étienne, Loire.
Legros (Jules), de..., à La Roche-l'Abeille, Haute-Vienne.
Le Gleut (Joseph), de Méricourt, à Aigues-vives, Ariège.
Legrand (Cyr), de La Couture, à..., Haute-Vienne.
Legrand (Albert), d'Arras, à Châlus, Haute-Vienne.
Legrand (Juliette), d'Agny, à La Ferté-Villeneuil, Eure-et-Loir.
Legrand (Alfred), d'Agny, à La Ferté-Villeneuil, Eure-et-Loir.
Legrand (Maria), de Violaine, à Chatou, Seine-et-Oise.
Lejeune (Malvina), d'Arras, à Versailles, Seine-et-Oise.
Leguet (Renée), de Ronsard, à Saint-Boil, Saône-et-Loire.
Lelong (Victoria), de Givenchy-en-Gohelle, à Saint-Jean-du-Falga, Ariège.
Lelong (Jean) et fam., de Givenchy-en-Gohelle, à Bélesta, Ariège.
Lelong (Jean) et fem., de..., à La Roche-l'Abeille, Haute-Vienne.
Lelong (Joseph), d'Arras, à Amilly, Eure-et-Loir.
Lemaître (Georges), de..., aux Linards, Haute-Vienne.
Lemaiqe (Clément), de..., aux Linards, Haute-Vienne.
Lemire (Arthur), de..., à Salles-Lavauguyon, Haute-Vienne.
Lemaire (André), de Baurin, à Longwy, Jura.
Lenglet (Irénée), de..., aux Linards, Haute-Vienne.
Lentement (Henri), d'Arques-près-de-Lens, à Chaptelat, Haute-Vienne.
Lepau (Fidèle) et fam., de Méricourt, à Montceau-les-Mines, Saône-et-Loire.
Lepez (Clémence) et f., d'Ennetières-en-Weppes, à St-Pol-de-Mons, Hte-L.
Lepreux (Marie), de Rumancourt, à Mennecy, Seine-et-Oise.
Lequenne (Alexandre), de Meurchin, à Leroque-d'Olmes, Ariège.
Lequenne (Léonce), de Meurchin, à Laroque-d'Olmes, Ariège.
Lequenne (Jean-Baptiste), de Meurchin, à Laroque-d'Olmes, Ariège.
Lerbier (Valentin), d'Avion, à Saint-Porquier, Tarn-et-Garonne.
Leroy (François), de Lens, à..., Ariège.
Leroy (Raymond), de..., à Thouron, Haute-Vienne.
Leroy (Marie), de Bully-Grenay, à Saint-Girons, Ariège.
Leroy (Jules), de Bully-Grenay, à Saint-Girons, Ariège.
Leriche (Auguste), de Fouquières-les-Lens, à Montceau-les-Mines, S.-et-L.
Leroy (Marcel), de Fosseuse, à Longwy, Jura.
Lesage (Arthur), de Bucquoy, à Illiers, Eure-et-Loir.
Lesaint (Pierre), de Dourges, à Dax, Landes.
Le Scodan (Adolphine) et enf., d'Avion, à Brunoy, Seine-et-Oise.
Letoquard (Adolphe), de..., à La Roche-l'Abeille, Haute-Vienne.
Levêque (Eugène) et fam., de..., à Salles-Lavauguyon, Haute-Vienne.
Levray (Élise), de Montigny-en-Gohelle, à Orléans, Loiret.
Lieutenant (Julienne) et enf., de Saint-Laurent-Blangy, à Poissy, S.-et-O.
Liétin (Émile), de Bourlon, à Morigny-Champigny, Seine-et-Oise.
Lœil (Français) et fam., de..., à La Roche-l'Abeille, Haute-Vienne.
Lœil (Kléber) et fam., de Bois-Bernard, à Laguépie, Tarn-et-Garonne.
Lompin (Eugène), de Vandeville, à Labastide-Saint-Pierre, Tarn-et-Gar.
Loriaux (Alphé), de Lens, à Montceau-les-Mines, Saône-et-Loire.
Lornier (Madeleine), de Lens, aux Issards, Ariège.
Lorthigois (Denise) et fam., d'Harnes, à Lagarde, Ariège.
Lourdel (Julien) et fam., d'Arras, à Mée, Eure-et-Loir.

Louis (Louise) et fam., d'Arras, à Corbeil, Seine-et-Oise.
Loubel (Alfred), de Sallaumines, à Saint-Étienne, Loire.
Magniez (Alphonse), d'Hénin-Liétard, à Saint-Nauphary, Tarn-et-Garonne.
Maillot (Joseph), de Croisilles, à Vincent, Jura.
Malbranque (Ernest), d'Harnes, à Montauban, Tarn-et-Garonne.
Manteau (Firmin), de Neuve-Chapelle, à Brunoy, Seine-et-Oise.
Mareuser (Victor), de ..., à Cussac, Haute-Vienne.
Martin (Guillain), de Liévin, à Flavignac, Haute-Vienne.
Marcon (Henri), de Souchez, à La Jarrie, Charente-Inférieure.
Margouin (Gustave), de Coyecques, à Villeneuve-du-Paréage, Ariège.
Martin (Bérangère), de Bully-Grenay, à Saint-Paul, Ariège.
Marcon (Joseph), de Souchez, à La Jarrie, Charente-Inférieure.
Marcon (Joseph), de Souchez, à La Jarrie, Charente-Inférieure.
Marchandeau (Jean) et fam., de Béthune, à Saint-Florin, Haute-Loire.
Marchenne (Vélastine), d'Arras, à Versailles, Seine-et-Oise.
Marie (Voltaire), de Liévin, à Saint-Étienne, Loire.
Marie (Marceau), de Liévin, à Saint-Étienne, Loire.
Masclef (Marcel), de Gagnicourt, à Saint-Sylvestre, Haute-Vienne.
Mathorel (Paul), de Montigny-en-Gohelle, à Saint-Étienne, Loire.
Mayeux (Eugénie) et fam., de Lens, à Pujols, Ariège.
Mayeux (Georges) et fam., de Liévin, à Pujols, Ariège.
Mayeux (Laurent), de Billy-Montigny, à Lavit, Tarn-et-Garonne.
Menu (Léandre) et fam., de Wingles, à Montceau-les-Mines, Saône-et-Loire.
Michel (François), de Fouquières-lès-Lens, à Brioude, Haute-Loire.
Michel (Abel), de Lens, à Sannois, Seine-et-Oise.
Michel (Joseph) et son épouse, de Lens, à Sannois, Seine-et-Oise.
Minart (Amédé), de ..., à Flavignac, Haute-Vienne.
Milon (Nathalie), d'Avion, à Vic, Ariège.
Mohren (Alphonse), de Calais, à Pau, Basses-Pyrénées.
Montreuil (Séraphine) et fam., de Lens, à Vic, Ariège.
Monnier (Louis), de Liévin, à Illiers, Eure-et-Loir.
Montchier (Marie), de Picheux, à Saint-Boil, Saône-et-Loire.
Mordac (Henri) et fam., de Lens, à Montceau-les-Mines, Saône-et-Loire.
Moreac (Aimée), de Lens, à Montceau-les-Mines, Saône-et-Loire.
Morel (Marie) et enf., d'Hulluche, à Chavilles, Seine-et-Oise.
Mosse (Virginie), de ..., à Champdivers, Jura.
Motelle (Jules) et enf., de Dourges, à Montceau-les-Mines, Saône-et-Loire.
Mouquet (Adolphe), de ..., à Monclar, Tarn-et-Garonne.
Naudet (Jules), d'Hénin-Liétard, à Saint-Étienne, Loire.
Naudet (Mme), d'Hénin-Liétard, à Saint-Étienne, Loire.
Odouin (Ferdinand), de Dourges, à Corbeil, Seine-et-Oise.
Olivier (Eugène), de ..., à Saint-Léger-Magnazeix, Haute-Vienne.
Osmanska (Rosalia), de Billy-Montigny, à Montauban, Tarn-et-Garonne.
Ourier (Aline), de Blaireville, à Saint-Boil, Saône-et-Loire.
Ourier (Ernestine), de Blaireville, à Saint-Boil, Saône-et-Loire.
Ourier (Jeanne), de Blaireville, à Saint-Boil, Saône-et-Loire.
Parmentier (Eugène), de Wingles, à Montauban, Tarn-et-Garonne.
Parent (Blanche), d'Avion, à Meudon, Seine-et-Oise.
Parent (Jean-Baptiste), d'Avion, Seine-et-Oise.
Pays (François), de Gouy-sous-Bellonne, à ..., Haute-Vienne.
Payen (Jules) et fam., de Ficheux, à Saint-Boil, Saône-et-Loire.
Payen (Paul), de Saint-Nicolas, à Saint-Aubin, Jura.
Pégase (Charles) et enf., de Carvin, à Versailles, Seine-et-Oise.
Pennel (Fernand), de ..., à Linards, Haute-Vienne.
Péron (Marie-Louise), de Lens, à Sannois, Seine-et-Oise.
Petit (Clémence), de Magnicourt, a Chambon, Charente-Inférieure.
Petit (Anatole), de Vitry, à Illiers, Eure-et-Loir.
Piatte (Simon) et fam., de Bruay, à Montceau-les-Mines, Saône-et-Loire.
Pierpont (Alfred) et fam., d'Agny, à Sancheville, Eure-et-Loir.
Pillaux (Henri), de ..., à Linards, Haute-Vienne.
Pinsemail (Marie) et enf., de Rupigny, à Carpentras, Vaucluse.
Plaisant (Constant), de ..., à Rancon, Haute-Vienne.
Plavel (Velvaire), de Lens, à Saint-Michel, Charente.
Plomb (Albéric), d'Amblin-les-Prés, à Longwy, Jura.
Pluchard (Désiré), de Rouvroy, à Saint-Étienne, Loire.
Poclet (Joseph), d'Hénin-Liétard, à Ric, Jura.
Poix (Florine) et enf., de Montigny-en-Gohelle, à Foucherans, Jura.
Polart (Alexandre), d'Avion, à Prayols, Ariège.
Ponsée (Désirée) et enf., de Ransard, à Saint-Boil, Saône-et-Loire.
Potier (Georges), de Brache-Saint-Waast, à Ladignac, Haute-Vienne.
Ponceau (Camille) et enf., de Barlin, à Montceau-les-Mines, Saône-et-Loire.
Pouillande (Arthur), de Loos-en-Gohelle, à Sainte-Croix, Ariège.
Poulain, de Méricourt, à Chémeré, Loire-Inférieure.
Poulain (Joseph), de ..., à La Roche-l'Abeille, Haute-Vienne.
Prévost (Paul), de Bucquoy, à Illiers, Eure-et-Loir.
Pronnier (Léandre), de ..., à Cussac, Haute-Vienne.
Pronier (Jules) et fam., de Ficheux, à Saint-Poil, Saône-et-Loire.
Progniez (Catherine) et fam., de Douchy-les-Ayettes, à Tavaux, Jura.
Prouille (Émile), de Berles-au-Bois, à La Ferté-Villeneuil, Eure-et-Loir.
Pronier (Georges), de Martimpuich, à Gatey, Jura.
Pruvot (Émilienne) et enf., de Ficheux, à Saint-Boil, Saône-et-Loire

Quénéant (Albéric), de Maintenoy, à Ladignac, Haute-Vienne.
Quennesson (Lucien), d'Arras, à Blanc-Mesnil, Seine-et-Oise.
Quignon (Virginie) et enf., de Givenchy, à Montauban, Tarn-et-Garonne.
Quignon (Jean-Baptiste) et fam., de Givenchy, à Montauban, Tarn-et-Garonne.
Quinchon (Marcel), de Méricourt, à Ladignac, Haute-Vienne.
Randour (Alfred), de Lens, à Arnac-La Poste, Haute-Vienne.
Ravaux (François) et fam., d'Agny, à La Ferté-Villeneuil, Eure-et-Loir.
Réant (Augustin), de Bandiuzel, à Annoire, Jura.
Régnier (Jeanne), de Béthune, à Boissy-Saint-Léger, Seine-et-Oise.
Rémy (Henri) et fam., d'Arras, à Poissy, Seine-et-Oise.
Rémont (Adèle), de Bapaume, à Versailles, Seine-et-Oise.
Renaux (Joseph), de Billy-Berclaux, à Septfonds, Tarn-et-Garonne.
Rengnaud (Georges), d'Arras, à Saint-Symphorien, Haute-Vienne.
Riche (Alfred) et fam., de Lens, à Montceau-les-Mines, Saône-et-Loire.
Riché (Léonard), d'Hénin-Liétard, à Saint-Vincent, Basses-Pyrénées.
Robiquet (Oscar) et fam., de Montigny-en-Gohelle, Jura.
Roch (Émile), de ..., à La Roche-l'Abeille, Haute-Vienne.
Roger (Zulma), de Boiry-Sainte-Rictrude, à Saint-Boil, Saône-et-Loire.
Rucar (Ambroisine), d'Hénin-Liétard, à Corbeil, Seine-et-Oise.
Sandeman (Fernand), de Meurchin, à Celles, Ariège.
Sarrazin (Fernand) et fam., de Wingles, à Laguépie, Tarn-et-Garonne.
Sarrazin (Marie) et enf., d'Hénin-Liétard, à Illiers, Eure-et-Loir.
Sauvage (Clémence) et enf., de Vermelles, à Corbeil, Seine-et-Oise.
Schaarlaken (Emma) et enf., de Caeskerke, à Saint-Sardos, Tarn-et-Garonne.
Schuell (Jules), de Lens, à Saint-Pardoux, Haute-Vienne.
Sergent (Alfred) et enf., d'Arras, à Deschaux, Jura.
Sevin (Joseph), de Béthune, à Montceau-les-Mines, Saône-et-Loire.
Simon (Berthe), d'Arras, à Fougères, Ille-et-Vilaine.
Sirot (Pauline), et enf., de Recquignies, à Septfonds, Tarn-et-Garonne.
Smacque (Louis), de ..., à La Roche-l'Abeille, Haute-Vienne.
Sonavé (Philome) et enf., d'Arras, à Corbeil, Seine-et-Oise.
Soualle (Jean-Baptiste) et fam., d'Arras, à Corbeil, Seine-et-Oise.
Souillard (Angèle) et enf., de Barly-Fosseux, à Niort, Deux-Sèvres.
Sonneville (Julien), de Fleurbaix, à Beaune, Haute-Vienne.
Stiévenart (Léon), de Liévin, à Pujols, Ariège.
Stiévenart (Henri), de Liévin, à Pujols, Ariège.
Stopin (Auguste), de ..., à La Roche-l'Abeille, Haute-Vienne.
Strady (Léon), de Crousselle, à Bressols, Tarn-et-Garonne.
Strady (Eugène), d'Anny, à Bressols, Tarn-et-Garonne.
Sturq (Victor), de Sallaumines, à Sin-le-Noble, Tarn-et-Garonne.
Sueur (Eugène), de Liévin, à Ladignac, Haute-Vienne.
Sylvestre (Eugène), de Sallaumines, à Saint-Étienne, Loire.
Taffin (Cornélie), d'Haisle, à Sauvignes, Saône-et-Loire.
Taillier (Clara) et enf., de Pont-à-Vendin, à Montbarrey, Jura.
Taufin (Albertine) st enf., de Pont-à-Vendin, à Montbarrey, Jura.
Tanière (Aristide), de Fouquières-lez-Lens, à Saint-Auvent, Haute-Vienne.
Tassendy (Rosalia) et enf., de Lières, à Laguépie, Tarn-et-Garonne.
Taverne (Jean-Baptiste), de Lens, à Flavignac, Haute-Vienne.
Tavernier (Marcelin), d'Hénin-Liétard, à Corbeil, Seine-et-Oise.
Tucar (Célina), d'Hénin-Liétard, à Corbeil, Seine-et-Oise.
Thibaut (Hélène), de Montreuil-sur-Mer, à Chaussin, Jura.
Théry (Léon) et fam., de Ransart, à Saint-Boil, Saône-et-Loire.
Thobois (Claire) et enf., de Lens, à Sannois, Seine-et-Oise.
Thomas (Léopold), d'Arras, à Illiers, Eure-et-Loir.
Thuiliez (François), de ..., à La Roche-l'Abeille, Haute-Vienne.
Tilliez (Gaston) et fam., de Lens, à Montceau-les-Mines, Saône-et-Loire.
Tourtois (Arthur), de Birache-Saint-Waast, à Ladignac, Haute-Vienne.
Tournay (Jules), de Courcelles-lez-Lens, à Saint-Auvent, Haute-Vienne.
Touzé (Alexandre), de ..., à Linards, Haute-Vienne.
Trédé (Charles), de Meurchain, à Sautel, Ariège.
Treset (Eugène), d'Arras, à Deschaux, Jura.
Tricard (Émilien), de ..., à Linards, Haute-Vienne.
Turbant (Marie) et enf., de Lens, à Chissey, Jura.
Turmel (Pierrette), de Torcy, à Plœuc, Côtes-du-Nord.
Urbain (Alice), de Liévin, à Pujols, Ariège.
Urbin (Henry), de Rouvroy, à Saint-Étienne, Loire.
Van den Eynden (Petrus) et fam., de Lières, à Laguépie, Tarn-et-Garonne.
Vanhove (Jules), de Wingles, à Chartres, Eure-et-Loir.
Van Nove (Jean-Baptiste), de Winglos, à Finban, Tarn-et-Garonne.
Vales (Élise) et fam., de Givenchy, à Montauban, Tarn-et-Garonne.
Valet, de Billy-Montigny, à Jabeilles, Haute-Vienne.
Vallin (Émile), du Forest, à Montauban, Tarn-et-Garonne.
Vaniambourg (Léon), de Brebières, à Ladignac, Haute-Vienne.
Vanof (Auguste), d'Harmes, à Chaptelat, Haute-Vienne.
Vassal (Louis), d'Arras, à Marseille, Bouches-du-Rhône.
Vasseur (Octave), de Rouffin-Ricamet, à Saint-Nicolas, Haute-Vienne.
Vasseur (Alphonsine), et enf., de St-Laurent-Blangy, à Neuvicey, Seine-et-Oise.
Vasseur (Joseph), de Boiry-Saint-Martin, à Saint-Boil, Saône-et-Loire.
Vasseur (Adèle), de Ficheux, à Saint-Boil, Saône-et-Loire.
Vassort (Charlotte), de Warlus, à Umpeau, Eure-et-Loir.
Veniez (Augustine), de Calais, à Orléans, Loiret.

Verfaillie (Capitan), de Montreuil-sur-Mer, à Chaussin, Jura.
Verbman (August) et enf., de ..., à Champdivers, Jura.
Vérian (Maurice), de ..., à Flavignac, Haute-Vienne.
Vermeille (Gustave) et fam., d'Arras, à Fougères, Ille-et-Vilaine.
Vergeau (Irmond), de Bois-Bernard, à Laguépie, Tarn-et-Garonne.
Vergeau (Joseph), de Bois-Bernard, à Laguérie, Tarn-et-Garonne.
Verslippen (Paul), et fam., de Clesques, à Caussade, Tarn-et-Garonne.
Vienne (Emile) et son épouse, d'Arras, à Sannois, Seine-et-Oise.
Vincent (Alexandre), de Bully-Grenay, à Bélesta, Ariège.
Vinche (Albert), de Calais, à Aubes, Ariège.
Vittu (Omer), de Lens, à Mirepoix, Ariège.

Vuillot (Lucien), de Ficheux, à Saint-Boil, Saône-et-Loire.
Wanderaerde (Suzanne), de Lens, à Montauban, Tarn-et-Garonne.
Wanquitin, de ..., à Saint-Léger-Magnezeix, Haute-Vienne.
Waquet (Louis) et fam., d'Avion, à Sancheville, Eure-et-Loir.
Wautiez (Louis), de ..., à Saint-Léger-Magnezeix, Haute-Vienne.
Weinel (Arthur), d'Arras, à Cieux, Haute-Vienne.
Weltens (Charles), de ..., à Flavignac, Haute-Vienne.
Werquin (Hector), de ..., à Maisonnais, Haute-Vienne.
Wolvelet (Georges) et fam., d'Hénin-Liétard, à Montauban, Tarn-et-Garonne.
Yvon (Obert), de Montigny, à Finhan, Tarn-et-Garonne.

13ᴱ LISTE.

Acart (Guilain), et fam., de Loos, à Lourdes, Hautes-Pyrénées.
Acart (Irma), de Liévin, à Lourdes, Hautes-Pyrénées.
Acard (Eloi) et sœur, d'Arras, au Creusot, Saône-et-Loire.
Adam (Marie) et enf., de Liévin, à Aurillac, Cantal.
Alexandre (Gabrielle) et fam., d'Arras, à Polminhac, Cantal.
Andriès (Gaston) et fam., d'Arras, à Aurillac, Cantal.
Ansel (Louise), d'Arras, au Creusot, Saône-et-Loire.
Ardelinger, d'Arras, à Laroquebrou, Cantal.
Audigon (Alexandre), de Fontaine-les-Croisilles, à Vézac, Cantal.
Aussart (Liévin), de Vendin, à Talizat, Cantal.
Barelle et fam., de Neuville-Vitasse, à Junbac, Cantal.
Barbier (Marthe) et fam., de Vermelles, à Lourdes, Hautes-Pyrénées.
Barbier (Aimable) et fam., de Liévin, à Lourdes, Hautes-Pyrénées.
Basseporte (Jeanne), de Barlin, au Creusot, Saône-et-Loire.
Beaucourt (Louis), de Pont-à-Vendin, à Aurillac, Cantal.
Beaucourt (Bienaimé), de Pont-à-Vendin, à Aurillac, Cantal.
Bénier (Analique) et fam., d'Avion, à Lourdes, Hautes-Pyrénées.
Berton (Florentine) et enf. de Liévin, à Lourdes, Hautes-Pyrénées.
Bernard (Léopold) et fam. de Vendin, à Talizat, Cantal.
Beugnet (Arthur) et fam., d'Arras, à Saint-Jean-de-Thezy, Saône-et-Loire.
Béutin (Melanie) et fam., de Liévin, à Lourdes, Hautes-Pyrénées.
Biencourt (Henri) et fam., de Liévin, à Lourdes, Hautes-Pyrénées.
Bigot (Marie) et fam., de Liévin, à Lourdes, Hautes-Pyrénées.
Bigot (Maria) et fam., de Loos, à Lourdes, Hautes-Pyrénées.
Bigouse (Marie), de Neuville-Vitasse, à Junbac, Cantal.
Billet (Paul), de Vimy, à Tulle, Corrèze.
Billaud (Adelina) et fam., de Vendin-le-Vieil, à Talizat, Cantal.
Bisiaux (Adolphe) et ép. de Méricourt, à Aurillac, Cantal.
Blanchart (Marie), d'Hénin-Liétard, à Saint-Berain, Saône-et-Loire.
Blanchart (Athénais), de Courcelles-les-Lens, à St-Berain, Saône-et-Loire.
Blanchard (Jules), et enf., de Noyelles-Godault, à St-Berain, Saône-et-Loire.
Blazart (Marie) et fam., de Bully-Grenay, à Lourdes, Hautes-Pyrénées.
Blanchard (Ernest), d'Arne, à Saint-Flour, Cantal.
Bleuzet (Antoine), de Montigny-en-Gohelle, au Boulay, Indre-et-Loire.
Blin (Céline) et enf., d'Arras, à Parlan, Cantal.
Blondel (Marie) et fam., de Lens, à Vézac, Cantal.
Bobillard (Marie), de Blacy-Saint-Nazarre, à Murat, Cantal.
Bodart (Marie) et fam., de Liévin, à Lourdes, Hautes-Pyrénées.
Bochu (Louis) et fam., de Vimy, à Murat, Cantal.
Boin (Louis) et fam., de Loos, au Creusot, Saône-et-Loire.
Boniface (Firmin), de Moury, au Creusot, Saône-et-Loire.
Boniface (Jeanne) et enf., d'Hamelincourt, à Marmanhac, Cantal.
Bourviman (Barthélemy), de Watrelos, à Tours, Indre-et-Loire.
Bouret (Mme) et fam., de Fourmies, à Fondettes, Indre-et-Loire.
Boursier (Léonie), d'Annay-s.-Lens, à Tours, Indre-et-Loire.
Boury (Désiré), de Lens, au Creusot, Saône-et-Loire.
Boulinguez (Godefroy), d'Auchy-lès-La Bassée, au Creusot, Saône-et-Loire.
Boulogne (Marie), d'Harnes, au Creusot, Saône-et-Loire.
Boulet (Marie) et fam., de Liévin, à Lourdes, Hautes-Pyrénées.
Bourlard (Charles) et fam., de Liévin, à Lourdes, Hautes-Pyrénées.
Bondoir (Marie), de Lens, à Neussargues, Cantal.
Boulenois (Achille), d'Arras, à Bienne, Cantal.
Bourguignon (Marguerite) et enf., de Liévin, à Vic, Cantal.
Bouret (Louis) et ép., d'Angres, à Saint-Santin, Cantal.
Bourg (Jean-Baptiste) et fam., de Vermelles, à Aurillac, Cantal.
Boussemard (Georgette) et fam., de Montigny-en-Goh., à Bredous, Cantal.
Boulogne (Eugénie) et fam., d'Angres, à Lourdes, Hautes-Pyrénées.
Brancq (Paul) et frère, de Liévin, au Creusot, Saône-et-Loire.
Brandt (Henri), de Lens, à Lourdes, Hautes-Pyrénées.
Bretelle (Jules) et fam., de Lens, à Moloupize, Cantal.
Brisart (Constant), de Liévin, à Lourdes, Hautes-Pyrénées.
Brice (Arthur), d'Arras, à Tulle, Corrèze.
Briche (Maria) et enf., de Noyelles, à Arpajon, Cantal.
Briquet (Ernest) et fam., de Givenchy, à Aurillac, Cantal.
Brisse (Paul) et fam., d'Arras, à Saint-Flour, Cantal.

Pas-de-Calais.

Buchet (Marie) et enf., de Givenchy, à Talizat, Cantal.
Caboche (Louis), de Wingles, à Aurillac, Cantal.
Cagnard (Aimée), d'Arras, au Creusot, Saône-et-Loire.
Campan (Louis) et fam., de Vimy, à Aurillac, Cantal.
Campé (Gustave) et fam., d'Arras, à Aurillac, Cantal.
Cantraine (Rosalie), d'Hénin-Liétard, à Aurillac, Cantal.
Capouiller (Victor), d'Avion, à Tulle, Corrèze.
Capon (Zélie) et enf., de Lens, à Vézac, Cantal.
Capron (Aglaé) et fam., de Neuvireuil, à Carlat, Cantal.
Carré (Marie), de Rumilly, à Tours, Indre-et-Loire.
Carrot (Marie), de Mirmont, à La Ricamarie, Loire.
Carbonnier (Catherine) et fam., d'Oppy, à Saint-Georges, Cantal.
Carbonnier (François), d'Oppy, à Saint-Georges, Cantal.
Carkrre (Méry), d'Arras, à Ruines, Cantal.
Caron (Alphonsine) et enf., de Fontaine-les-Croisilles, à Jussac, Cantal.
Castille (Jean-Baptiste), de Vitry-en-Artois, à Lourdes, Hautes-Pyrénées.
Caupin (Louis) et fam., de Vimy, à Sainte-Illide, Cantal.
Chassagne (Martin) et fam., de Billy-Montigny, à Tulle, Corrèze.
Chatelain (Victor) et fam., de Saint-Laurent-Blaugy, à Talizat, Cantal.
Chevalier et enf., d'Harnes, à La Chapelle-Blanche, Indre-et-Loire.
Chérisier (Louis) et fam., de Laventie, à Saint-Symphorien, Saône-et-Loire.
Chevalier (Pauline) et fam., de Grenay, à Lourdes, Hautes-Pyrénées.
Chevalier (Madeleine) et frère, d'Hénin-Liétard, à La Chapelle-d'A., Cantal.
Chopin (Osmane), de Quéant, au Creusot, Saône-et-Loire.
Choquet (Maria) et fam., d'Avion, à Lourdes, Hautes-Pyrénées.
Chopin (Adélaïde) et fam., de Liévin, à Lourdes, Hautes-Pyrénées.
Choquet (Alexandre) et fam., d'Ogny, à La Chapelle-d'Alagnon, Cantal.
Citerne (Louis), de Bailleul, à Aurillac, Cantal.
Clairet (Auguste), de Saint-Nicolas, à Dienne, Cantal.
Clément (Oscar) et fam., de Liévin, à Lourdes, Hautes-Pyrénées.
Clouet (Adèle) et fam., de Liévin, à Lourdes, Hautes-Pyrénées.
Cocude (Emile), d'Oppy, au Creusot, Saône-et-Loire.
Cochon (Louise), d'Arras, à Saint-Flour, Cantal.
Coquidet (Jules), de Givenchy, à Saint-Simon, Cantal.
Coli (Fernand), de Boyelles, au Creusot, Saône-et-Loire.
Corbeau (Victor), d'Aubert-Méricourt, à Aurillac, Cantal.
Coton (Augustin), de Fontaine-les-Lens, à Vézac, Cantal.
Couture (Adolphe), d'Evin-Malmaison, à Tulle, Corrèze.
Courcelle (Marie) et fam., de Loos, à Lourdes, Hautes-Pyrénées.
Courbyet (Mme) et enf., de Liévin, à Murat, Cantal.
Crépin (Emile) et enf., de Laventie, à Marmagne, Saône-et-Loire.
Crétal (Augustin) et fam., de Liévin, à Lourdes, Hautes-Pyrénées.
Crépel (François) et fam., d'Arras, à Laroquebou, Cantal.
Culhet (Mme) et enf., de Liévin, à Murat, Cantal.
Cuviller (Theoté), de Vimy, à Celles, Cantal.
Dallangeville (Marie-Louise), d'Arras, au Creusot, Saône-et-Loire.
Damiens (Pauline) et enf., de Vimy, Cantal.
Damiens (Catherine) et enf., d'Hénin-Liétard, à Aurillac, Cantal.
Damiens (Zélie) et fam., de Calone-Liévin, à Lourdes, Hautes-Pyrénées.
Damerose (Aline) et enf., d'Arras, à Lourdes, Hautes-Pyrénées.
Darras (Urbain) et fam., de Lcauvette, à Louestault, Indre-et-Loire.
Darcques (Oscar) et fam., de Neuvireuil, à Jussac, Cantal.
Dandriné (Mme) et enf., de Liévin, à Murat, Cantal.
Dautzenberg (Jean), de Montigny-en-Gohelle, à Blanzy, Saône-et-Loire.
Davroux (Louis), de Lens, à Lourdes, Hautes-Pyrénées.
Davic (Léopold), de Méricourt, à Lourdes, Hautes-Pyrénées.
Davre (Désiré), d'Arras, à Saint-Jean-de-Trézy, Saône-et-Loire.
Davre (Louis), d'Arras, à Saint-Jean-de-Trézy, Saône-et-Loire.
Daviles (Charles), de Liévin, à Laroquebrou, Cantal.
Dapvril (Joséphine) et fam., de Grenay, à Lourdes, Hautes-Pyrénées.
Debailleul (Louis) et sœurs, de Farbus, à Montcenis, Saône-et-Loire.
Debaque (Léonie), de Laventie, à Marmagne, Saône-et-Loire.
Debleuzet (Marie) et fam., de Montigny-en-Gohelle, à Boulay, Indre-et-L.
Debret (Albert), de Liévin, à Murat, Cantal.
Decerf (Désirée), de Montigny-en-Gohelle, à Paulhac, Cantal.

1..

Dedourge (François) et fam., d'Annay-s.-Lens, à Aurillac, Cantal.
Defosses (Marie) de Boyelle-les-Lens, à Genouillac, Creuse.
Deflandre (Fernand), d'Arras, à Aurillac, Cantal.
Defache (Gabriel), de Pont-à-Vendin, à Saint-Flour, Cantal.
Defrance (Philomène) et enf., de Calonne-Liévin, à Lourdes, Hautes-Pyr.
Degorgue (Flora), de Pont-à-Vendin, à Saint-Flour, Cantal.
Dégardin (Denis) et fam., d'Avion, à Lourdes, Hautes-Pyrénées.
Dehay (Félicie), de Lampres, à Saint-Just, Cantal.
Debaye (Augustin) et fam., de Vitry, à Loubaresse, Cantal.
Dehouck (Jules), de Montigny-en-Gohelle, à Lourdes, Hautes-Pyrénées.
Delacourt (Oscar) et fam., de Liévin, à Saint-Sautin, Cantal.
Delacourt (Clémentine), d'Angres, à Saint-Sautin, Cantal.
Delay (Joséphine), de Lens, à Aurillac, Cantal.
Delaybit (Alexandre) et fam., de Liévin, à Ruines, Cantal.
Delegorgue (Julia) et enf., de Givenchy, à Aurillac, Cantal.
Delis (Suzanne), de Saint-Laurent-Blangy, à Aurillac, Cantal.
Delplace (Constant) et fam., de Givenchy, à Neussargues, Cantal.
Delvigne (Mme) et fam., de Lens, à Vézac, Cantal.
Delporte (Jules) et fam., de Montigny-en-Gohelle, à Boulay, Indre-et-Loire.
Deligne (Fernand), d'Arras, à Tulle, Corrèze.
Delatre (Fernand), de Flers-Breq, à Tulle, Corrèze.
Delattre (Emilie), d'Arras, au Creusot, Saône-et-Loire.
Delhôtel (Albertine) et fam., de Liévin, à Langon, Gironde.
Delos (Henri), de Calone-Liévin, à Lourdes, Hautes-Pyrénées.
Deloffre (Louis) et fam., de Méricourt, à Lourdes, Hautes-Pyrénées.
Delassus (Louise) et fam., de Liévin, à Lourdes, Hautes-Pyrénées.
Delmar (Marie) et fam., d'Hénin-Liétard, à Lourdes, Hautes-Pyrénées.
Delescluze (Achille), de Lens, à Lourdes, Hautes-Pyrénées.
Delattre (Angèle) et fam., de Loos-en-Gohelle, à Lourdes, Hautes-Pyrénées.
Delobelle (Ernest) et fam., de Liévin, à Lourdes, Hautes-Pyrénées.
Delavier (Marie), d'Annezin-lez-Béthune, à Préchac, Gironde.
Demonchaux (Angèle) et fam., de Morchyes, au Creusot, Saône-et-Loire.
Demoulin (Joseph) et fam., de Calone-Liévin, à Lourdes, Hautes-Pyrénées.
Denis (Charles), d'Arras, à Ruines, Cantal.
Dennoyelle (Edmond), de Rouvroy, à Paulhac, Cantal.
Depresle (Marie) et enf., de Grenay, à Lourdes, Hautes-Pyrénées.
Deprez (Angéline) et fam., de Noyelle-sous-Lens, à Lourdes, Hautes-Pyrén.
Dequeher (Louise) et fam., de Noyelles-sous-Lens, à Arpajon, Cantal.
Derasse (Mme) et fam., de Liévin, à Murat, Cantal.
Derouhau (Laure) et fam., de Liévin, à Vic, Cantal.
Derobez (Désiré), d'Achicourt-lez-Arras, à Tulle, Corrèze.
Descamps (Joseph), de Liévin, à Murat, Cantal.
Desmaray (Lucie) et enf., de Sailly, à Loubaresse, Cantal.
Desmerin (Philippe) et enf., de Lens, à Pers, Cantal.
Dessailly (Louis), de Vitry, à Lascelles, Cantal.
Desgardin (Joseph), de Lens, à La Roche-Clermault, Indre-et-Loire.
Deshorties (Léon), de Mérycourcouroy, à Tulle, Corrèze.
Dasmaray (Louis), de Montigny-en-Gohelle, à Tulle, Corrèze.
Destringuel (Marie) et fam., d'Arras, au Creusot, Saône-et-Loire.
Dessailly (Emérantine) et fam., de Méricourt, à Lourdes, Hautes-Pyrénées.
Descamps (Florian) et fam., de Neux-les-Mines, à Lourdes, Hautes-Pyrén.
Desfossez (Blanche) et enf., de Bully-Grenay, à Lourdes, Hautes-Pyrénées.
Destrès (Hélène) et fam., de Lens, à Genillé, Indre-et-Loire.
Deusy (Alexis) et enf., de Saint-Laurent-Blangy, à Langon, Gironde.
Devillers (Berthe) et fam., de Liévin, Noussargues, Cantal.
Devraye (Louis) et fam., de Sain-en-Gohelles, à Lourdes, Hautes-Pyrénées.
Dhieux (Blanche) et fam., d'Avion, à Ruines, Cantal.
Dhollande (Marie) et enf., de Liévin, à Allanche, Cantal.
Dieu (Félicie) et enf., de Vendin-le-Vieil, à Ytrac, Cantal.
Diles (Marthe) et fam., de Viffey, à Laroquetron, Cantal.
Diotalevi Augustine) et fam., de Loos-en-Gohelle, à Lourdes, Hautes-Pyr.
Dogny (Eugénie), de Rouvroy, à Aurillac, Cantal.
Dorémieux (Catherine), d'Annay-sous-Lens, à Aurillac, Cantal.
Doré (Charlotte) et enf., de Bully-Grenay, à Lourdes, Hautes-Pyrénées.
Douillet (Céline), de Brienne, à Champagnac, Cantal.
Doudon (Fernand), d'Haute-Rivière-Mézières, à ..., Cantal.
Doucher (Jules) et fam., d'Hénin-Liétard, à Langon, Gironde.
Drapier (Gabrielle), d'Hénin-Liétard, à Reilhac, Cantal.
Drancourt (Henri), de Neuville-Vitasse, au Creusot, Saône-et-Loire.
Drelon (Louise) et fam., de Liévin, à Lourdes, Hautes-Pyrénées.
Druon (Charles), de Fouquières-lez-Lens, à Tulle, Corrèze.
Druon (Henri) et enf., de Rochincourt, au Creusot, Saône-et-Loire.
Druant (Louis) et fam., de Lens, à Lourdes, Hautes-Pyrénées.
Dubus (Célina), de Méricourt-sous-Lens, à Aurillac, Cantal.
Dubrulle (Ulysse), de Liévin, à Ussel, Corrèze.
Dubois (Joseph), d'Avion, à Tulle, Corrèze.
Dubois (Flore), d'Agny, au Creusot, Saône-et-Loire.
Dubois (Augustine), d'Arras, au Creusot, Saône-et-Loire.
Ducourant (Georgette) et fam., de Sedan, à Aurillac, Cantal.
Duclaux (François), de Dorignies, à Saint-Etienne, Loire.
Ducatez (Fabien) et fam., de Lens, à Lourdes, Hautes-Pyrénées.

Dufranc (Antoinette), d'Avion, à Aurillac, Cantal.
Duflos (Léon), d'Avion, à Tours, Indre-et-Loire.
Dujardin (Auguste), de Liévin, à Allauche, Cantal.
Dumont (Maria) et enf., de Tilloy, au Creusot, Saône-et-Loire.
Duminil (Juliette) et fam., de Loos-en-Gohelle, à Lourdes, Hautes-Pyrén.
Dupéage (Hélène) et fam., de Viny, à Aurillac, Cantal.
Dupuy (Marie) et fam., de Bully-Grenay, à Lourdes, Hautes-Pyrénées.
Duplouy (Marthe) et enf., de Bully-Grenay, à Lourdes, Hautes-Pyrénées.
Duriez (Mabie), d'Arras, au Creusot, Saône-et-Loire.
Engrand (Alexandre) et fam., de Liévin, à Lourdes, Hautes-Pyrénées.
Ernoult (Marie) et fam., de Laventié, à St-Symphor.-de-Mont., Saône-et-L.
Erzeaux (Héloise), de Liévin, à Murat, Cantal.
Espt (Claire), d'Arras, au Creusot, Saône-et-Loire.
Evrard (Jeanne), d'Arras, au Creusot, Saône-et-Loire.
Evrard (Marie), d'Arras, au Creusot, Saône-et-Loire.
Falapin (Henri), de Sallaumines, à Lourdes, Hautes-Pyrénées.
Famechon (Hélène) et fam., de Grenay, à Lourdes, Hautes-Pyrénées.
Fassiaux (Géraud), de Lens, à Riom-ès-Mont., Cantal.
Fatoux (Casimir), de Sallaumines, à Tulle, Corrèze.
Ferlier (Louis), d'Arras, à Tulle, Corrèze.
Févin (Justin), de Carency, à Tulle, Corrèze.
Flament (Adolphe), de Billy-Montigny, à Loubaresse, Cantal.
Flament (Micheline) et fam., de Liévin, à Lourdes, Hautes-Pyrénées.
Fontaine (Charlotte), de Lens, à Préchac, Gironde.
Forville (Walter), de Liévin, à Murat, Cantal.
Fourmaux (Jules), d'Hénin-Liétard, à Tulle, Corrèze.
Fourmaux (Isabelle) et enf., d'Hénin-Liétard, à Tulle, Corrèze.
Fournez (Gérôme), d'Equedecques, au Creusot, Saône-et-Loire.
Fournier (Adélaïde), de Boyelles, au Creusot, Saône-et-Loire.
Fonrnaux (Angèle) et fam., de Bully, à Lourdes, Hautes-Pyrénées.
Fournier (Maria) et fam., de Loos-en-Gohelle, à Lourdes, Hautes-Pyrén.
Fourrier (Albertine) et enf., de Saint-Nicolas, à Dienne, Cantal.
Francqueville (Marie) et fam., de Tarrus, à Montcenis, Saône-et-Loire.
François (Ange) et fam., de Loos-en-Gohelle, à Lourdes, Hautes-Pyrénées.
François (Marie) et fam., de Loos-en-Gohelle, à Lourdes, Hautes-Pyrénées.
François (Lié) et fam., de Fouquières-lès-Lens, à Saint-Flour, Cantal.
Frémont (Sophie), d'Arras, au Creusot, Saône-et-Loire.
Fréchin (Louis), d'Arras, à Tarbes, Hautes-Pyrénées.
Caillot (Etienne), de Lens, à Neussargues, Cantal.
Gallet (Théophile), d'Agny, à La Chapelle-d'Allagnon, Cantal.
Garau (Paul) et fam., de Lens, à Vitrac, Cantal.
Gardinal (Isabelle) et fam., de Liévin, à Lourdes, Hautes-Pyrénées.
Gay (Léon), de Vendin-le-Vieil, à Talizat, Cantal.
Gentet (Joseph) et fam., de Lens, à Rivière, Indre-et-Loire.
Gerreboute (Rose) et enf., de Calone-Liévin, à Lourdes, Hautes-Pyrénées.
Gérard (Emilie) et fam., de Beaurnis, à Aurillac, Cantal.
Germain (Abel), de Lens, à Lourdes, Hautes-Pyrénées.
Gestz (Angèle) et fam., de Roclincourt, à Lourdes, Hautes-Pyrénées.
Ginesty (Léon), de Béthune, à Virelade, Gironde.
Gloriant (Maria) et fam., de Maringarbe, à Lourdes, Hautes-Pyrénées.
Glorian (Renée), d'Arras, au Creusot, Saône-et-Loire.
Godefroid (Olga), d'Hénin-Liétard, à Aurillac, Cantal.
Godefroid (Noella), d'Hénin-Liétard, à Aurillac, Cantal.
Godefroid (Victoire), d'Hénin-Liétard, à Aurillac, Cantal.
Gonesse (Isaïe), de Fouquières-lès-Lens, à Saint-Flour, Cantal.
Goronflot (Louis), de Méricourt, à Tulle, Corrèze.
Gossiaux (Joseph), de Béthune, à Tulle, Corrèze.
Gosselin (Joséphine) et fam., de Bully-Grenay, à Lourdes, Hautes-Pyrén.
Gourdin (Désiré) et fam., de Loos-en-Gohelle, à Lourdes, Hautes-Pyrén.
Gradei (Pierre) et fam., de Liévin, à Saint-Chamant, Cantal.
Gradelnée-Viart (Olympe), de Liévin, à Saint-Chamal, Cantal.
Grard (Rosa) et enf., d'Achicourt, à Saint-Etienne-de-Mont., Cantal.
Gruson (Edmond) et fam., d'Arras, à Saint-Flour, Cantal.
Guérardel (Xavier) et fam., d'Arras, au Creusot, Saône-et-Loire.
Guffroy (Louise), d'Avion, à Aurillac, Cantal.
Guffroy (Ida) et enf., de Grenay, à Lourdes, Hautes-Pyrénées.
Guffroy (Samson), de Lens, à Tulle, Corrèze.
Guffroy (Louis) et fam., d'Avion, à Aurillac, Cantal.
Guimard (Antoine) et fam., de Liévin, à Lourdes, Hautes-Pyrénées.
Guilliet (Chrysoline), d'Arras, au Creusot, Saône-et-Loire.
Guinard (Elisabeth), de Loos-en-Gohelle, à Lourdes, Hautes-Pyrénées.
Gulbert (Julie) et fam., de Vimy, à Aurillac, Cantal.
Gumez (Joséphine) et fam., de Liévin, à Lourdes, Hautes-Pyrénées.
Halluin (Juliette) et fam., de Loos-en-Gohelle, à Lourdes, Hautes-Pyrénées.
Hardy (Blanche) et fam., de Liévin, à Lourdes, Hautes-Pyrénées.
Harlé (Lucien), d'Isbergues, à Saint-Etienne, Loire.
Hellebuyck (Emilienne) et enf., de Liévin, à Lourdes, Hautes-Pyrénées.
Helle (Antoine) et fam., de Liévin, à Murat, Cantal.
Hénaux (Joséphine) et fam., de Sallaumines, à Beaulieu, Indre-et-Loire.
Hendryckx (Louise) et fam., de Lens, à Lourdes, Hautes-Pyrénées.
Héroguelle (Anatole) et fam., de Boyelles, à Polunchau, Cantal.

Heroguelle (Julie) et fam., de Vimy, à Aurillac, Cantal.
Hermann (Célestine), de Neuville-Waast, à Virelade, Gironde.
Hitié (Malvina), de Lens, à Lourdes, Hautes-Pyrénées.
Hochedel (Euphémie), de Pont-à-Vendin, à Aurillac, Cantal.
Holle (Suzanne) et fam., de Marinbarbe, à Lourdes, Hautes-Pyrénées.
Henoré (Arthur) et fam., de Lens, à Bienne, Cantal.
Houssière-Givet (Virginie), de Givenchy à Massiac, Cantal.
Houssain (Henri) et fam., de Liévin, à Murat, Cantal.
Houdain (Zélih), de Lens, à Vézac, Cantal.
Hubert (Hubertine), de Neuvireuil, à Yolet, Cantal.
Huleux (Germaine) et fam., d'Arras, à Parlan, Cantal.
Humez (Joseph), d'Auchel, au Creusot, Saône-et-Loire.
Humez (Augustine) et fam., de Neufvireuil, à Yolet, Cantal.
Huplier (Etienne), de Fouquière-les-Lens, à La Chap.-Blanche, Indre-et-L.
Jouhaux (Yvonne), de Farbut, à Aurillac, Cantal.
Jourdain (Henri), d'Arras, au Creuzot, Saône-et-Loire.
Jaspart (François), de Lens, à Saint-Étienne, Loire.
Kaysen (Gérard), de Loos-en-Gohelle, à Coltines, Cantal.
Kolloffel (Eugénie) et fam., de Calone-Liévin, à Lourdes, Hautes-Pyrénées.
Labalette (Rosa), d'Arras, au Creuzot, Saône-et-Loire.
Lacouture (Léontine) et enf., d'Arras, à St-Jean-de-Trézy, Saône-et-Loire.
Lahaeyre (Cornély) et fam., de Bully-Grenay, à Lourdes, Hautes-Pyrénées.
Laigniez (Maria), d'Arras, à Aurillac, Cantal.
Lalin (Valentine) et fam., de Baral, à Lourdes, Hautes-Pyrénées.
Lalou (Joseph), de Lens, à Riomès-Montagne, Cantal.
Lambour (Joséphine) et fam., de Loos-en-Gohelle, à Lourdes, Hautes-Pyr.
Lambert (Camille) et son fils, d'Hénin-Liétard, à Aurillac, Cantal.
Lamont (Étienne), de Pont-à-Vendin, à Aurillac, Cantal.
Lambrecht (Guillaume), de Calais, aux Ternes, Cantal.
Lamont (Alexandre), de Pont-à-Vendin, à Aurillac, Cantal.
Lantoine (Cécile) et sa nièce, d'Hénin-Liétard, à Tulle, Corrèze.
Landru (Eugénie), de Bailleul, à Montcenis, Saône-et-Loire.
Lancel (Victor), d'Arras, au Creusot, Saône-et-Loire.
Lanne (Marie-Thérèse), d'Arras, au Creusot, Saône-et-Loire.
Langrand (Ledivine) et fam., de Calone-Liévin, à Lourdes, Htes-Pyrénées.
Lapaige (Richard), de Montigny-en-Gohelle, à Blanzy, Saône-et-Loire.
Lardet (Eugène), d'Arras, au Creusot, Saône-et-Loire.
Lardemee (Marcelle) et enf., de Lens, à Lourdes, Hautes-Pyrénées.
Largilière (Charles) et fam., de Pont-à-Vendin, à Aurillac, Cantal.
Laurent (Jean) et fam., de Bailleul, au Creusot, Saône-et-Loire.
Landru (Henriette) et fam., de Givenchy, à Aurillac, Cantal.
Lebas (Victor), de Souchez, à Tulle, Corrèze.
Leblon (Henri), de Neuve-Chapelle, à St-Julien-sur-Dheune, Saône-et-Loire.
Lebacq (Alexandre), de Courrières, à Riom, Cantal.
Lecherf (Gaston), de Vis-en-Artois, à Tulle, Corrèze.
Lecygne (Philémon), d'Avion, à Riom, Cantal.
Lécaille (Marie) et enf., de Calone-Liévin, à Lourdes, Hautes-Pyrénées.
Lecomte (Louis), de Laventie, à St-Symphorien-de-Mgne, Saône-et-Loire.
Leclercq (Alexandrine) et fam., de Lens, à Aurillac, Cantal.
Lecoq (Claire), de Pont-à-Vendin, à Aurillac, Cantal.
Lecreux (Mme) et enf., d'Arras, à Laroquebrou, Cantal.
Lefebvre (Christine), d'Hénin-Liétard, à Aurillac, Cantal.
Lefèvre (Marguerite) et fam., de Vendin-le-Vieil, à Giou-de-Mamou, Cantal.
Lefranc (Gustave) et fam., d'Arras, à Laroquebrou, Cantal.
Lefevre (Jules), de Roclincourt, à Lourdes, Hautes-Pyrénées.
Lefranc (Philippe), de Draucourt, à Lourdes, Hautes-Pyrénées.
Lefèvre (Jeanne) et fam., d'Avion, à Lourdes, Hautes-Pyrénées.
Legrand (Yvonne), d'Arras, à Saint-Jean-de-Trézy, Saône-et-Loire.
Legillon (Louise), de Laventie, à Marmagne, Saône-et-Loire.
Legillon (Jean-Baptiste), de Laventie, à Marmagne, Saône-et-Loire.
Legrand (Philomène), d'Arras, au Creusot, Saône-et-Loire.
Legrand (Caroline) et fam., de Loos-en-Gohelle, à Lourdes, Htes-Pyrénées.
Legland (Léopoldine), d'Ecurie, à Lourdes, Hautes-Pyrénées.
Legrand (Charles) et fam., d'Ecurie, à Lourdes, Hautes-Pyrénées.
Legrand (Cœcilia) et fam., de Saint-Laurent-Blangy, à Aurillac, Cantal.
Legros (Jules), de Lille, à Aurillac, Cantal.
Lelong (Mme) et fam., de Liévin, à Murat, Cantal.
Leleu (Léon), du Mesnil-Saint-Nicaize, à Saint-Étienne-de-Maurs, Cantal.
Lelong (Jean-Baptiste) et fam., de Givenchy-en-Gohelle, à St-Simon, Cantal.
Lelong (Mme), de Liévin, à Murat, Cantal.
Lelong (Marie), de Liévin, à Murat, Cantal.
Lemaire (François), de Pont-à-Vendin, à Aurillac, Cantal.
Lemaire (Germaine), d'Arras, à Aurillac, Cantal.
Lemaire (François), de Pont-à-Vendin, à Aurillac, Cantal.
Lemaire (Jules) et fam., d'Hénin-Liétard, à Reilhac, Cantal.
Lemarchand (Nestor), de Souchez, à Massiac, Cantal.
Lemaire (Marie) et petite-fille, de Fouquières-lès-Lens, à Tulle, Corrèze.
Lemire (Léon), de Montigny-en-Gobelle, à Tulle, Corrèze.
Lepage (Eugénie), de Noyelles-Godault, à St-Bérain-sous-Sanvignes, S.-et-L.
Leroux (Alexandre), de Calone-Liévin, à Lourdes, Hautes-Pyrénées.
Leroy (Léon) et enf., de Fouquières-lès-Lens, à Tulle, Corrèze.

Leroy (Marie), de Villerval, au Creusot, Saône-et-Loire.
Leroy (Zélie), de Tilloy-les-Mofflaines, au Creusot, Saône-et-Loire.
Leroy (Charles) et fam., de Calone-Liévin, à Lourdes, Hautes-Pyrénées.
L'Espagnol (Rosalie) et fam., d'Arras, à St-Jean-de-Trézy, Saône-et-Loire.
Lesieux (Marguerite), d'Arras, au Creusot, Saône-et-Loire.
Leieux (Julien) et fam., de Liévin, à Lourdes, Hautes-Pyrénées.
Leviez (Nicolas) et fam., de Farbus, à Montcenis, Saône-et-Loire.
Level (Catherine), d'Agny, à La Chapelle-d'Allagnon, Cantal.
Levêque (Emilie), de Liévin, à Murat, Cantal.
Lheuretti (Jules) et fam., de Liévin, à Lourdes, Hautes-Pyrénées.
Libert (Marie), d'Arras, au Creusot, Saône-et-Loire.
Liveman (Elisabeth) et fam., de Vendin-le-Vieil, à Talizat, Cantal.
Loison (Ambroise), de Loos-en-Gohelle, à Vézac, Cantal.
Loison (Arthur) et fam., de Loos, à Langon (Gironde).
Losson (Émile) et fam., de Grenay, à Lourdes, Hautes-Pyrénées.
Louvion (Jules) et fam., de Liévin, à Murat, Cantal.
Loubert (Henri), d'Hénin-Liétard, à Cotines, Cantal.
Lourdel (Paul), de Saint-Léger, au Creusot, Saône-et-Loire.
Lourtioz (Joseph), de Fouquières-lès-Lens, à La Chapelle-Blanche, Ind.-et-L.
Lucos (Adèle), de Bailleul-sur-Berthoux, à Riom, Puy-de-Dôme.
Mabille (Émile) et fam., de Rouvroy, à Lourdes, Hautes-Pyrénées.
Maquestiau (Evrard), de Saint-Amand, à Auzers, Cantal.
Maréchal (Pierre) et fam., de Liévin, à Lourdes, Hautes-Pyrénées.
Mariette (Louis) et fam., de Liévin, à Lourdes, Hautes-Pyrénées.
Martin (Henri) et fam., de Blerville, à Saint-Simon, Cantal.
Marlière (Blanche) et fam., de Rouvroy, à Aurillac, Cantal.
Marquigny (Marguerite), de Lood, à Genillé, Indre-et-Loire.
Mosciet (Désiré) et fam., de Vermelles, à Aurillac, Cantal.
Maurje (Léon), de Lens, à Lourdes, Hautes-Pyrénées.
Mellin (Alexandre), d'Aucourt, à Tulle, Corrèze.
Mellin (Jean), de Bruay, à Tulle, Corrèze.
Ménard (Jules) et fam., de Lens, à Saint-Flour, Cantal.
Mercier (Victor) et fam., d'Arras, à Yolet, Cantal.
Mercier (Henri), de Billy-Montigny, à Lourdes, Hautes-Pyrénées.
Mercier (Alcide), de Moyenville, à Lasalles, Cantal.
Méresse (Louis), d'Évin-Malmaison, à Tulle, Corrèze.
Merlan (Armand) et fam., de Sallaumines, à Lourdes, Hautes-Pyrénées.
Meunier (Louis) et fam., de Biache, à Aurillac, Cantal.
Meurisse (François), de Lens, à Mouzay, Indre-et-Loire.
Michaud (Marie) et enf., de Liévin, à Lourdes, Hautes-Pyrénées.
Michel (François) et fam., de Calone-Liévin, à Loches, Indre-et-Loire.
Mignot (Sophie) et fam., de Souchez, à Massiac, Cantal.
Milville (Alfred), d'Anzin, à Tulle, Corrèze.
Millon (Denis) et fam., de Boiry-St-Rictrude, au Creusot, Saône-et-Loire.
Moine (Clémentine), de Méricourt, à Épinac-les-Mines, Saône-et-Loire.
Monel (Ludovic), d'Arras, au Creusot, Saône-et-Loire.
Monnier (Grégoire) et fam., de Draucourt, à Lourdes, Hautes-Pyrénées.
Monpays (Lucien), d'Arleux-en-Gohelle, à Tulle, Corrèze.
Monsigny (Alfred) et fam., de Saint-Omer, à Tulle, Corrèze.
Montaine (Eupsodine) et fam., d'Anay-s.-Lens, à Aurillac, Cantal.
Mordacq (Jules) et fam., de Liévin, à Lourdes, Hautes-Pyrénées.
Morel (Éléonore), d'Arras, au Creusot, Saône-et-Loire.
Mores (Aloïs), d'Avion, à Tulle, Corrèze.
Myenhenyn (Arthur), de Courcelles, à Aurillac, Cantal.
Myenhenyn (Victorine), de Courcelles, à Aurillac, Cantal.
Myenhenyn (Virginie), de Courcelles, à Aurillac, Cantal.
Myenhenyn (Baptiste), de Courcelles, à Aurillac, Cantal.
Nicolas (Urbain) et fam., de Liévin, à Lourdes, Hautes-Pyrénées.
Noé (Athénaïs), de Noyelles-Godault, à St-Bérain-sous-Sanvignes, Saône-et-L.
Norbert (Alfred) et fam., de Liévin, à Lourdes, Hautes-Pyrénées.
Noreuil (François) et fam., de Grenay, à Lourdes, Hautes-Pyrénées.
Norguet (Cécile), de Billy-Montigny, à Tulle, Corrèze.
Nouveau (Blanche) et fam., de Béthune, à Virelade, Gironde.
Paillez (Thérèse) et fam., de Liévin, à Lourdes, Hautes-Pyrénées.
Pannequin (Augustin) et ép., d'Hénin-Liétard, à Lourdes, Hautes-Pyrénées.
Pannequin (Augustin), de Billy-Montigny, à Faverolles, Cantal.
Papeus (Rosalie), d'Arras, au Creusot, Saône-et-Loire.
Parmentier (Gervais), de Billy-Montigny, à Lourdes, Hautes-Pyrénées.
Parsis (Élise), d'Agny, au Creusot, Saône-et-Loire.
Pavy (Charles), d'Arras, à Saint-Flour, Cantal.
Pecqueur (Aline) et fam., de Loos-en-Gohelle, à Lourdes, Hautes-Pyrénées.
Perdriat (Auguste), d'Arras, au Creusot, Saône-et-Loire.
Pecqueur (Léon) et fam., de Saint-Laurent-Blangy, à Aurillac, Cantal.
Pellegrin (Marie) et fam., de Bully-Grenay, à Lourdes, Hautes-Pyrénées.
Perlaut (Euphrasie), de Liévin, à Laroquebrou, Cantal.
Perruchot (Germaine), de Noyelles-Godault, à Forgès, Corrèze.
Petit (Henri), de Frevent, à Bordeaux, Gironde.
Petit (Augustine) et fam., de Loos-en-Gohelle, à Lourdes, Hautes-Pyrénées.
Petit (Eugénie) et fam., d'Agny, à La Chapelle-d'Allagnes, Cantal.
Petit (Palmyre) et enf., de Bully-Grenay, à Lourdes, Hautes-Pyrénées.
Pézé (Louise) et enf., de Bully-Grenay, à Lourdes, Hautes-Pyrénées.

Pigache (Marie) et enf., de Beaurain, à Virelade, Gironde.
Pignard (Pierre), de Montigny-en-Gohelle, au Boulay, Indre-et-Loire.
Pitre (Charles), d'Avion, à Maurs, Cantal.
Platel (Julienne) et fam., d'Arras, à Aurillac, Cantal.
Platel (Clémence), d'Écurie, à Lourdes, Hautes-Pyrénées.
Platel (Henri), de Calais, à Tulle, Corrèze.
Plovente (Grégoire), de Liévin, à Bordeaux, Gironde.
Portesse (Félix), d'Arras, à Laroquebrou, Cantal.
Potier (Désiré) et fam., de Liévin, à Lascelle, Cantal.
Poulroux (Marie), d'Arras, au Creusot, Saône-et-Loire.
Pouille (Adélaïde), de Fouquières-lès-Lens, à Saint-Flour, Cantal
Priem (Charles), de Lens, à Maurs, Cantal.
Prougère (René), d'Arras, à Parlan, Cantal.
Poulain (Angèle) et fam., de Loos-en-Gohelle, à Lourdes, Hautes-Pyrénées.
Prévost (Hortense), d'Arras, au Creusot, Saône-et-Loire.
Quévy (Mansuède), de Sallaumines, à Navès, Corrèze.
Quéant (Henri), de Quéant, au Creusot, Saône-et-Loire.
Quesnoy (Marie) et fam., de Loos-en-Gohelle, à Lourdes, Hautes-Pyrénées.
Quénon (Joseph) et fam., de Liévin, à Lourdes, Hautes-Pyrénées.
Quignon (Ghislain) et fam., de Tilloy-lès-Mofflaines, au Creusot, Saône-et-L.
Quignon (Victor) et fam., de Givenchy, à Boisset, Cantal.
Quignon (Jean-Baptiste) et fam., de Vimy, à Maurs, Cantal.
Ramon (Élisa), de Billy-Montigny, à Tours, Indre-et-Loire.
Rambaud (Alfred) et fam., d'Athis, à Maurs, Cantal.
Rapax (Louise), de Liévin, à Laroquebrou, Cantal.
Renard (Arsène) et fam., de Liévin, à Lourdes, Hautes-Pyrénées.
Renaudet (Louis), de Bourg-Becquart, à Neussargues, Cantal.
Ricque (Hortense) et sa fille, d'Hermies, à Bordeaux, Gironde.
Riflard (Zélie) et fam., de Nameluxœuil, à Marmanhac, Cantal.
Roger (Marie) et fam., de Liévin, à Saint-Santin, Cantal.
Rolland (Joseph), de Liévin, à Riomes, Cantal.
Roussel (Louis), de Laventie, à Saint-Symphorien-de-Mgne, Saône-et-Loire.
Roubillard (Philippe) et fam., de Souches, à Massiac, Cantal.
Savary (Louise) et enf., de Loos-en-Gohelle, à Lourdes, Hautes-Pyrénées.
Savary (Eugène), d'Arras, à Laroquebrou, Cantal.
Savary (Désiré), de Souchez, à Aurillac, Cantal.
Sauvage (Françoise) et fam., de Mercatel, à Saint-Simon, Cantal.
Sacywet (Pierre), de Fouquières-les-Lens, à Neussargues, Cantal.
Sarrieu (Paul) et fam., de Courrières, à Tours, Indre-et-Loire.
Serro (Sylvestre) et fam., de Béthune, à Lourdes, Hautes-Pyrénées.
Senez (Edgar), d'Hénin-Liétard, à Gerde, Hautes-Pyrénées.
Senez (Georges), d'Hénin-Liétard, à Gerde, Hautes-Pyrénées.
Sénéchal (Virginie), d'Hénin-sur-Conseil, au Creusot, Saône-et-Loire.
Sébert (Anne-Marie), de Villerval, à Montcenis, Saône-et-Loire.
Sébert (Mélanie), de Villerval, à Montcenis, Saône-et-Loire.
Sébert (Narcisse), de Villerval, à Montcenis, Saône-et-Loire.
Simon (Jules) et fam., de Lens, à Langon, Gironde.
Sieux (Jean), de Frévent, à Bordeaux, Gironde.
Sprémont (Blanche) et enf., de Loos-en-Gohelle, à Lourdes, Hautes-Pyrén.
Spiezer (Madeleine), de Ficheux, au Creusot, Saône-et-Loire.
Straty (Henri) et son épouse, de Loos-en-Gohelle, à Lourdes, Htes-Pyrén.
Style (Zélie), de Saint-Sauveur, à Saint-Flour, Cantal.
Stourbaut (Marie), de Boiry-Becquerel, à Neussargues, Cantal.

Stiévenard (Victoria), de Lens, à Saint-Flour, Cantal.
Stiévenard (Léon), de Lens, à Saint-Flour, Cantal.
Stivenard (Alfred) et fam., de Billy-Montigny, à Tulle, Corrèze.
Sylvestre (Cécile), d'Aguy, à Aurillac, Cantal.
Tatincloux (Julienne) et fam., d'Éleu, à Vic-sur-Cère, Cantal.
Talbeaux (Émilie), d'Arras, au Creusot, Saône-et-Loire.
Tabary (Clovis), de Noyelle-Godault, à Tulle, Corrèze.
Thuillier (Célina) et fam., de Givenchy, à Massiac, Cantal.
Thobois (Bernardin) et fam., de Liévin, à Allauche, Cantal.
Thiélart (Julia) et fam., d'Airou, à Talizat, Cantal.
Thomas (Arsène) et fam., de Lens, à Virelade, Gironde.
Théry (Éline), d'Arras, au Creusot, Saône-et-Loire.
Thorel (Ernest) et fam., de Fontanne-les-Croisilles, au Creusot, Saône-et-Loire.
Thuillier (Berthe), de Neuvireuil, à St-Julien-sur-Dheune, Saône-et-Loire.
Thuillier-Fleury (Adrienne), de Neuvireuil, à St-Jul.-sur-Dheune, Saône-et-L.
Thibaut (Jean-Pierre), de Fouquières-les-Lens, à Tulle, Corrèze.
Thoboy, de Lens, à La Roche-Clermault, Indre-et-Loire.
Tillet (Euphrasie) et fam., de Liévin, à Laroquebrou, Cantal.
Tournay (Jules), de Liévin, à Esves-le-Moutier, Indre-et-Loire.
Thomas (Louis) et fam., de Lens, à Lourdes, Hautes-Pyrénées.
Thobois (Angèle) et fam., de Bully-Grenay, à Lourdes, Hautes-Pyrénées.
Tourtois (Henri) et fam., de Liévin, à Lourdes, Hautes-Pyrénées.
Vaast (Angèle) et enf., de Sallaumines, à Lourdes, Hautes-Pyrénées.
Vallet (Olive) et enf., de Bully-Grenay, à Lourdes, Hautes-Pyrénées.
Van Assche (Mme), de Vimy, à Celles, Cantal.
Vandenabeele (Irma) et enf., de Bully-Grenay, à Lourdes, Htes-Pyrénées.
Vandeville (Émilie), d'Arras, à Autun, Saône-et-Loire.
Van Helleputte et enf., de Bully-Grenay, à Lourdes, Hautes-Pyrénées.
Van Lanker et fam., de Boiry-Becquerelle, à Neussargues, Cantal.
Vasseur-Houdain (Élisa), de Lens, à Vézac, Cantal.
Vasseur (Pierre) et fam., de Moury, au Creusot, Saône-et-Loire.
Van Wynsberghe (Marceau), de Lille, à Vebret, Cantal.
Vanez (Léon), de Loisons-sur-Lens, à La Chapelle-Blanc, Indre-et-Loire.
Vantours (Marthe) et enf., de Liévin, à Lourdes, Hautes-Pyrénées.
Vendeville (Émile) et fam., de Courcelles-les-Lens, à St-Berain, Saône-et-L.
Vendembœuche (Auguste), de Liévin, à Monthodon, Indre-et-Loire.
Villa (Clara), de Liévin, à Murat, Cantal.
Viseux-Lepoivre et fam., de Lens, à Murat, Cantal.
Viseux-Honoré (Ludivine), de Lens, à Dienne, Cantal.
Vizeux (Berthe), de Givenchy, à Neussargnes, Cantal.
Voisin, de Montigny-en-Gohelle, au Boulay, Indre-et-Loire.
Waast (Paul), d'Arras, à Marmanhac, Cantal.
Wagnon (Julien) et fam., de Vitry, à Chaudesaigues, Cantal.
Wahart (Uertin), de Laventie, à Saint-Julien-sur-Dheune, Saône-et-Loire.
Wallet (Abel), de Liévin, à Lourdes, Hautes-Pyrénées.
Wallet (Joseph) et fam., de Liévin, à Lourdes, Hautes-Pyrénées.
Warot (Léonie) et enf., de Lens, à Lourdes, Hautes-Pyrénées.
Waroux (Jeanne) et enf., de Bully-Grenay, à Lourdes, Hautes-Pyrénées.
Wattiaux (Madeleine) et fam., de Méricourt-sur-Lens, à Aurillac, Cantal.
Wautiez (Charles), d'Aunay, à Tours, Indre-et-Loire.
Wautiez (Camille), de Fouquières-lez-Lens, à Tulle, Corrèze.
Wiart (Henriette) et fr. et sœur, d'Hénin-Liétard, à St-Berain, Saône-et-L.

14ᴱ LISTE.

Abraham (Élodie), de Liévin, à Montauban, Tarn-et-Garonne.
Abraham (Emma) et enf., de Méricourt-sous-Lens, à Treignat, Allier.
Abraham (Joséphine) et enf., de Méricourt-sous-Lens, à Treignat, Allier.
Abramek (André), de Billy-Montigny, à Saint-Etienne, Loire.
Adam (Henri), de Lens, à Arcizac-Adour, Hautes-Pyrénées.
Aerts (Armand), de Vingles, à Saint-Clément, Allier.
Albert (Angélique) et enf., d'Arras, à Deneuilles-les-Mines, Allier.
Albertier (Aimable) et enf., de St-Sauveur-Arras, à Ussel-d'Allier, Allier.
Alexandre (Elise) et enf., de Beaurains, à Echassières, Allier.
Alexandre (Mme) et enf., d'Arras, à Doyet, Allier.
Alfred (Raymond), de Lens, à Montluçon, Allier.
Alipré (Maurice) et fam., de Lens, à Lapalisse, Allier.
Allard (François) et fam., de Liévin, à Soues, Hautes-Pyrénées.
Allart (Marguerite) et enf., de Liévin, à Aureilhan, Hautes-Pyrénées.
Aloy (Charles) d'Arras, à Charbonnat, Saône-et-Loire.
Alquinne (Joseph) et fam., de Liévin, à Montceau-les-Mines, Saône-et-Loire.
Ambert (Marie), de Billy-Montigny, à Orthez, Basses-Pyrénées.
Amis (Ernest), de Sallaumines, à Cusset, Allier.
Anaut (Marie), d'Arras, à Lanneray, Eure-et-Loir.
André (Andréa), d'Avion, à Bayonne, Basses-Pyrénées.
André (Hortense), de Liévin, à Montauban, Tarn-et-Garonne.
André (Léonie), d'Avion, à Bayonne, Basses-Pyrénées.
André (Marcel), d'Avion, à Bayonne, Basses-Pyrénées.

André (Marie) et enf., de Liévin, à Montauban, Tarn-et-Garonne.
Andreux (Mme) et enf., d'Arras, à Varennes-sur-Allier, Allier.
Andrien (Marie-Louise), d'Arras, à Gannat, Allier.
Anne (Augustine), de Lens, à Commentry, Allier.
Ansart (Berthe) et enf., de Loos-en-Gohelle, à Oursbelille, Hautes-Pyrénées.
Ansart (Florentine), d'Arras, à Sussat, Allier.
Antoine (Charles) et son épouse, d'Arras, à Quinssaines, Allier.
Apourceaux (Augustin) et fam., d'Avion, à Seuillet, Allier.
Argentin (Alexis), de Liévin, à Biarritz, Basses-Pyrénées.
Argentin (Alfred) et fam., de Liévin, à Biarritz, Basses-Pyrénées.
Argentin (Argentine), de Liévin, à Biarritz, Basses-Pyrénées.
Argentin (Estelle), de Liévin, à Biarritz, Basses-Pyrénées.
Argentin (Jean-Baptiste), de Liévin, à Biarritz, Basses-Pyrénées.
Arnaud (Gabriel) et fam., de Sallaumines, à Saint-Hilaire, Allier.
Arnaud (Henri) et fam., d'Arras, à Montluçon, Allier.
Ars (Angèle) et enf., de Liévin, à Séméac, Hautes-Pyrénées.
Artir (Charles), d'Arras, à Lasse, Basses-Pyrénées.
Asset (Juliette) et enf., d'Hénin-Liétard, à Varennes-sur-Allier, Allier.
Aubertin (Ferdinand), de Montigny-en-G., à Monteignet-s.-l'Andelot, Allier.
Audegond (Georges), de Liévin, à Chalon-sur-Saône, Saône-et-Loire.
Audibert (Adolphe), de Méricourt, à St-Etienne-Baïgouy, Basses-Pyrénées.
Audibert (Augustin), de Méricourt, à St-Etienne-Baïgouy, Basses-Pyrénées.
Audibert (Catherine), de Méricourt, à St-Etienne-Baïgouy, Basses-Pyrénées.

Berger et son épouse, d'Arras, à Rouen, Seine-Inférieure.
Bernard (Armand), de Fouquières-les-Lens, à Ubari-Mixe, Basses-Pyrénées.
Bernard (Blanche) et enf., d'Arras, à Montluçon, Allier.
Bernard (Désiré) et fam., de Carvin, à La Guillermie, Allier.
Bernard (François) et fam., de Lens, à Bordeaux, Gironde.
Bernard (Jean) et fam., de Méricourt, à Marcillat, Allier.
Bernard (Louise), d'Arras, à Varennes-sur-Allier, Allier.
Bernard (Louise) et enf., de Sallaumines, à Verneix, Allier.
Berquier (Marie) et enf., d'Arras, à Deneuille-les-Mines, Allier.
Bernoyer (Marie) et enf., d'Arras, à Espinasse-Vozelle, Allier.
Berry (Victor) et fam., de Liévin, à Magnet, Allier.
Berthe (Alphonsine) et enf., de Méricourt-sous-Lens, à La Petite-Marche, A.
Berthe (Maria) et enf., de Méricourt-sous-Lens, à Montluçon, Allier.
Bertiaux (Joséphine), d'Avion, à Sancheville, Eure-et-Loir.
Bertiaux (Léon), d'Avion, à Sancheville, Eure-et-Loir.
Bertiaux (Marie), d'Avion, à Sancheville, Eure-et-Loir.
Bertiaux (Paul), d'Avion, à Sancheville, Eure-et-Loir.
Bertin (Jules) et fam., de Montigny-en-Gohelle, à Sainte-Thérence, Allier.
Bertoux (Marie) et enf., de Lens, à Creuzier-le-Neuf, Allier.
Béthouard (Amélie) et enf., d'Arras, à Charbonnat, Saône-et-Loire.
Béthouard (Léonie), d'Arras, à Charbonnat, Saône-et-Loire.
Bérémieux (Marceau) et fam., d'Arras, à Bizeneuille, Allier.
Beuquet (Jules) et enf., d'Arras, à Mayet-d'École, Allier.
Beugnies (Flore) et enf., de Liévin, à Montluçon, Allier.
Bialais (Julien) et fam., de Lens, à La Celle, Allier.
Bibot (Louise), d'Arras, à Marcillat, Allier.
Bientau (Léopold) et fam., de St-Laurent-Blangy, à St-Angel, Allier.
Bigote (Louis), de Béthune, à Creuzier-le-Neuf, Allier.
Biguet (Marie) et enf., de Lens, à Lachapelaude, Allier.
Billaut (Goutrand), de Lens, à La Ricamarie, Loire.
Billet (Benoit) et fam., de Givenchy-en-Gohelle, à Billy, Allier.
Billot (Valgan), de Lens, à Billom, Puy-de-Dôme.
Bihot (Berthe) et enf., de Liévin, à Aureilhan, Hautes-Pyrénées.
Blaise (Eléonore) et enf., de Billy-Montigny, à Montmarault, Allier.
Blaise (Gaston), de Billy-Montigny, à Noyant, Allier.
Blamy (Juliette) et enf., de Lens, à La Celle, Allier.
Blanget (Héli), de Sallaumines, à Ainhoa, Basses-Pyrénées.
Blanger (Albert), de Sallaumines, à Ainhoa, Basses-Pyrénées.
Blanquet (Joseph) et enf., d'Hénin-Liétard, à Saint-Vincent, Basses-Pyrénées.
Blanchart (Malvina), de Noyelles-Godault, à Montluçon, Allier.
Blanchart (Malvina) et enf., de Dourge, à Montluçon, Allier.
Blanchez (Félicie) et sœurs, de Sallaumines, à Créchy, Allier.
Blangez (Clara), de Drocourt, à Saint-Étienne-Baïgorry, Basses-Pyrénées.
Blanquet (Joseph), de Liévin, à Montluçon, Allier.
Blas (Rosalie) et enf., de Montigny-en-Gohelle, à Nizerolles, Allier.
Blaviet (Léon) et enf., de Lens, à Montluçon, Allier.
Biervacq (Alexandre) et enf., de Lens, à Montluçon, Allier.
Bletif (Elisabeth) et enf., d'Arras, à Echassières, Allier.
Bleuvarcq (Emile), de Fouquières-les-Lens, à Vichy, Allier.
Blondel (Adeline) et enf., d'Arras, à Espinasse-Vozelle, Allier.
Bochet (Julie) et enf., de Douvrin, à Vichy, Allier.
Bochus (Alice), de Beaumont-en-Artois, à Saint-Palais, Basses-Pyrénées.
Bochus (Cuisine) et enf., de Beaumont-en-Artois, à St-Palais, Basses-Pyrénées.
Bochus (François) et enf., de Beaumont-en-Artois, à St-Palais, Basses-Pyrénées.
Bochus (Georges), de Beaumont-en-Artois, à Saint-Palais, Basses-Pyrénées.
Bochus (Léonce), de Beaumont-en-Artois, à Saint-Palais, Basses-Pyrénées.
Bocquet (Mme), de Billy-Berclau, à Rouen, Seine-Inférieure.
Bocquet (Victor) et enf., de Méricourt, à Mazirat, Allier.
Bocquillon (Paul), d'Hénin-Liétard, à Uhart-Meixe, Basses-Pyrénées.
Boddaert (Félicien), de Lens, à Castillon, Basses-Pyrénées.
Boddaert (Idalie), de Lens, à Castillon, Basses-Pyrénées.
Boddaert (Julienne), de Lens, à Castillon, Basses-Pyrénées.
Boddaert (Louise), de Lens, à Castillon, Basses-Pyrénées.
Boduain (Charles), d'Hénin-Liétard, à Ahetze, Basses-Pyrénées.
Boet (Caroline), de Douvrin, à Saint-Jean-de-Luz, Basses-Pyrénées.
Boet-Vasseur (Anicet), de Douvrin, à Saint-Jean-de-Luz, Basses-Pyrénées.
Boet-Vasseur (Françoise), de Douvrin, à St-Jean-de-Luz, Basses-Pyrénées.
Boet-Vasseur (Louise), de Douvrin, à Saint-Jean-de-Luz, Basses-Pyrénées.
Bœuf (Emilia), d'Hénin-Liétard, à Cassaber, Basses-Pyrénées.
Bœuf (Jules) et enf., d'Hénin-Liétard, à Cassaber, Basses-Pyrénées.
Bœuf (Julia), d'Hénin-Liétard, à Cassaber, Basses-Pyrénées.
Boilaud (Fernand) et enf., d'Agny, à Monestier, Allier.
Boilliez (Julie) et enf., de Fouquières-les-Lens, à Mayet-de-Montagne, Allier.
Boilly (Armand) et fam., de Wingle, à Vichy, Allier.
Boilly (Céline), d'Arras, à Gannat, Allier.
Boitel-Hornez, de Vendin-le-Vieil, à Rouen, Seine-Inférieure.
Bonté (Rachel) et enf., de Bigny-Montigny, à Montluçon, Allier.
Boquelet (Paul), de Fresnes, à Saint-Pée-sur-Nivelle, Basses-Pyrénées.
Boquet (Jean), de Boulogne-sur-Mer, à Souraïde, Basses-Pyrénées.
Borence (Georges), de Lestrem, à Nébian, Hérault.
Borence (Henri), de Lestrem, à Nébian, Hérault.

Borne (Désiré), de Calonnes-Liévin, à Commentry, Allier.
Borne (Laure) et enf., de Liévin, à Villebret, Allier.
Borne (Laure) et enf., de Lillers, à Montluçon, Allier.
Bosquet (Eugène) et enf., de Lens, à Bègues, Allier.
Bossu (Jules) et fam., d'Orleux-la-Gohelle, à Seuillet, Allier.
Bossu (Louise), de Méricourt, à Gannat, Allier.
Bouche (Louis), de Becunin-lès-Arras, à Rouen, Seine-Inférieure.
Bouchez (Armand) et enf., d'Arras, à Lalizolle, Allier.
Bouchez (Clara), d'Arras, à Doyet, Allier.
Bouchez (Palmyre), d'Arras, à Rouen, Seine-Inférieure.
Boucquet (Jean-Baptiste) et enf., d'Harnes, à Montluçon, Allier.
Bouer (Enée) et fam., de Montigny-en-Gohelle, à Montluçon, Allier.
Bougon (Auguste) et enf., de Liévin, à Montceau-les-Mines, Saône-et-Loire.
Bouillier (François), de Liévin, à . . . . . ., Dordogne.
Boulan (Eugène) et fam., de Liévin, à Monières, Hautes-Pyrénées.
Boulanger (Berthe) et enf., de Bully-Grenay, à Marcillat, Allier.
Boulanger (Jeanne) et enf., d'Arras, à Montluçon, Allier.
Boulanger (Jeanne) et enf., de Vermelles, à Terjat, Allier.
Boulanger (Louis), de Lens, à Saint-Etienne, Loire.
Bouland (Jeanne) et enf., d'Arras, à Deneuille-les-Mines, Allier.
Boulet (Alfred), de Liévin, à Saint-Fargeol, Allier.
Bouliez (Henri), de Lens, à Billy, Allier.
Boulingoez (Laure) et enf., de Montigny-en-Gohelle, à Montoldre, Allier.
Bouillier (Eugène) et enf., de Liévin, à Aureilhan, Hautes-Pyrénées.
Boulogne (Mme), de Calais, à Moulins, Allier.
Boulongue (Marie) et enf., de Mazingarbe, à Marcillat, Allier.
Bouny (Marie), d'Arras, à Mayet-d'École, Allier.
Bouquet (Charles) et frères, de Violaine, à Cusset, Allier.
Bouquet (Jules), d'Hénin-Liétard, à Martres-Tolosane, Haute-Garonne.
Bourgeois (Jules), de Billy-Berthelot, à Montceau-les-Mines, Saône-et-Loire.
Bournet (Francine) et enf., de Méricourt, à Monteignes-sur-l'Andelot, Allier.
Bourrier (Alphonsine) et enf., de Lens, à Abidos, Basses-Pyrénées.
Bourrier (Ernest), de Lens, à Abidos, Basses-Pyrénées.
Bourrier (Mme) et enf., de Lens, à Abidos, Basses-Pyrénées.
Boursier (Bénoni), de Liévin, à Coubjours, Dordogne.
Bousfaux (Jules), de Beauvins, à Laprugne, Allier.
Bouton (Henriette) et enf., de Lens, à Montluçon, Allier.
Boutté (Rachel), de Billy-Montigny, à Montluçon, Allier.
Bouvet (Florimond), de Lens, à Mayet-de-Montagne, Allier.
Bouvet (Marie-Louise), de Lens, à Bordeaux, Gironde.
Bovins (Albert), de Lens, à Montluçon, Allier.
Bracq (Henri) et enf., de Bénifontaine, à Castelnau-d'Estrétefonds, Hte-Garon.
Brandiski (Germaine) et fam., de Lens, à Varennes-sur-Allier, Allier.
Bras (Emilie), d'Arras, à Varennes-sur-Allier, Allier.
Braure (Anaïs), de Sallaumines, à Saint-Jean-de-Luz, Basses-Pyrénées.
Braure (Anaïs), de Sallaumines, à Saint-Jean-de-Luz, Basses-Pyrénées.
Braure (Bénoni), de Sallaumines, à Saint-Jean-de-Luz, Basses-Pyrénées.
Braure (Bénoni), de Sallaumines, à Saint-Jean-de-Luz, Basses-Pyrénées.
Braure (Fernand), de Sallaumines, à Saint-Jean-de-Luz, Basses-Pyrénées.
Braure (François), de Sallaumines, à Saint-Jean-de-Luz, Basses-Pyrénées.
Braure (Marthe), de Sallaumines, à Saint-Jean-de-Luz, Basses-Pyrénées.
Bray (Mathide) et enf., de Haisnes, à Saussat, Allier.
Bregnon (Henri), d'Arras, à Montluçon, Allier.
Bremand (Léon) et sœurs, de Saint-Laurent-Blangy, à Saint-Angel, Allier.
Brezeval (Mme) et enf., de Brebières, à Montluçon, Allier.
Brézieux (Annette), d'Arras, à Varennes-sur-Allier, Allier.
Briand (Charles), d'Agny, à Monestier, Allier.
Briche (Augusthe), de Méricourt, à Saint-Etienne, Loire.
Briche (François), de Méricourt, à Saint-Etienne, Loire.
Bridel (Lucien) et sœur, d'Arras, à Louroux-de-Bouble, Allier.
Brillon (Louise) et enf., de Montigny-en-Gohelle, à Montluçon, Allier.
Brion (François), de Carvin, à Blanzy, Saône-et-Loire.
Brion (Henri), d'Arras, à Prémilhat, Allier.
Brioul (Charles), de Saint-Omer, à Nébian, Hérault.
Briquet (Charles) et enf., de Béthune, à Montceau-les-Mines, Saône-et-Loire.
Briquet (Ida), de Liévin, à Commentry, Allier.
Brochard (Désiré) et fam., d'Arras, à Prémilhat, Allier.
Brocqueville (Adèle) et enf., d'Arras, à Echassière, Allier.
Brouck (Berthe) et frère, de Loos-en-Gohelle, à Gannat, Allier.
Broutin (Henri), d'Hénin-Liétard, à Blanzy, Saône-et-Loire.
Bruchet (Alida) et fam., de Liévin, à Commentry, Allier.
Bruchy (Olida) et enf., de Liévin, à Montluçon, Allier.
Bruitte (Alfred), d'Arras, à Rouen, Seine-Inférieure.
Bruitte, d'Arras, à Rouen, Seine-Inférieure.
Brulé (Emile), de Saint-Omer, à Châlon-sur-Saône, Saône-et-Loire.
Brumelles (Julien), d'Hénin-Liétard, à Thénon, Dordogne.
Brunet (Adolphine) et enf., d'Harnes, à Saulzet, Allier.
Brunet (Hortense) et enf., de Méricourt-les-Lens, à Varennes-s.-Allier, Allier.
Bruno (Marie), d'Hénin-Liétard, à Courçais, Allier.
Buchard (Philomène), de Liévin, à Arcangues, Basses-Pyrénées.
Bucquet (Juliane), de Givenchy-les-Bassée, à Nizerolles, Allier.
Bucquet (Léonard), d'Harnes, à Mazirat, Allier.
Buillas (Joseph), de Vermelles, à Saint-Hilaire, Allier.
Buisine (Camille) et fam., d'Haisnes, à Saussat, Allier.
Buisine (Louis), d'Hénin-Liétard, à Mazirat, Allier.
Bulte (Stéphanie), d'Arras, à Bizeneuille, Allier.
Bulter (Fernande) et enf., d'Arras, à Echassières, Allier.
Bulter (Régina), de Liévin, à Laloubère, Hautes-Pyrénées.
Becquet (Alexandre), de Fouquières-les-Lens, à Ronnet, Allier.
Buquet (Eugénie) et enf., de Montigny-en-Gohelle, à Treignat, Allier.
Buquet (Marthe) et fam., d'Arleux-la-Gohelle, à Seuillet, Allier.
Burbure (Maria) et enf., de Liévin, à Aureilhan, Hautes-Pyrénées.
Bureau (Irma) et fam., d'Avion, à Magnet, Allier.
Buret (Olive), de Drocourt, à Saint-Etienne-Baïgorry, Basses-Pyrénées.
Buret (Olivier), de Drocourt, à Saint-Etienne-Baïgorry, Basses-Pyrénées.
Burlaud (Antoine) et fam., de Liévin, à Souvigny, Allier.
Burmann (Marie), d'Arras, à Massagny, Allier.
Burtin (Jules), de Liévin, à Saint-Etienne, Loire.
Busière (Jules), de Liévin, à Commentry, Allier.
Bustraen (Richard), de Calais, à Cuqueron, Basses-Pyrénées.
Buzières (Jules), de Liévin, à Montluçon, Allier.
Caboche (Aline) et enf., de Lens, à Montluçon, Allier.
Caboche (Augustin), d'Arras, à Nades, Allier.
Caboche (Bruno), de Beaumont-en-Artois, à Domezain-Berraute, Bass[es-Pyrénées].
Caboche (Marie), d'Arras, à Bizeneuille, Allier.
Cabot (Marie) et enf., d'Arras, à Montluçon, Allier.
Cadart (Charles) et fam., d'Arras, à Montluçon, Allier.
Cadart (Charles-Joseph) et fam., d'Arras, à Doyet, Allier.
Cadart (Marthe), d'Arras, à Doyet-le-Presle, Allier.
Cadoret (Catherine) et enf., de Sallaumines, à Montauban, Tarn-et-Garonne.
Caffier (Mélanie) et fam., de Billy-Montigny, à Créchy, Allier.
Caffers (Albert), d'Hénin-Liétard, à Coulommiers, Dordogne.
Cagnard (Auguste), de Berles-aux-Bois, à Lanneray, Eure-et-Loir.
Cagnard (Flore), de Berles-aux-Bois, à Lanneray, Eure-et-Loir.
Cagnard (Irène), de Berles-aux-Bois, à Lanneray, Eure-et-Loir.
Cagnard (Louis), de Berles-aux-Bois, à Lanneray, Eure-et-Loir.
Cagnard (Marcel), de Berles-aux-Bois, à Lanneray, Eure-et-Loir.
Cagnard (Octave), de Berles-aux-Bois, à Lanneray, Eure-et-Loir.
Cagnard (Paul), de Berles-aux-Bois, à Lanneray, Eure-et-Loir.
Cailleret (Mélia) et enf., de Blairville, à Montluçon, Allier.
Calibre (François), de Liévin, à Montceau-les-Mines, Saône-et-Loire.
Galippe (Louise) et enf., de Fiévent, à Cihoure, Basses-Pyrénées.
Galin (Arthur) et enf., d'Angres, à Commentry, Allier.
Calonne (Arthur) et enf., de Lens, à Montluçon, Allier.
Calonne (Louis), d'Hénin-Liétard, à Montauban, Tarn-et-Garonne.
Camariaux (Fernand), de Liévin, à Villebret, Allier.
Cambray (Pauline), de Saint-Laurent-Blangy, à Commentry, Allier.
Campagne (Mme) et enf., de Liévin, à Magnet, Allier.
Camphin (Julie) et enf., d'Arras, à Charbonnat, Saône-et-Loire.
Camus (Jeanne) et enf., d'Arras, à Montluçon, Allier.
Camus (Juliette), de Vermelles, à Marcillat, Allier.
Camus (Laure) et enf., de Drocourt, à Varennes-sur-Allier, Allier.
Canes (Clémence), de Méricourt, à Montluçon, Allier.
Canesse (Clémence), de Méricourt, à Montluçon, Allier.
Canet (Clémence), de Méricourt, à Desertines, Allier.
Canivet (Félia), de Billy-Montigny, à Commentry, Allier.
Canivet (Hippolyte), de Montigny, à Montluçon, Allier.
Canivet (Léonie), de Billy-Montigny, à Montluçon, Allier.
Canivez (Hippolyte), de Montigny-en-Gohelle, à Mazirat, Allier.
Cannet (Gabrielle) et enf., d'Arras, à Gannat, Allier.
Capelle (Alfred) et enf., de Liévin, Montceau-les-Mines, Saône-et-Loire.
Capelle (Emilie) et enf., de Lens, à Ferrières-sur-Sichon, Allier.
Caperon (Marie), de Sallaumines, à Vichy, Allier.
Capillon (Léon), d'Anchel, à Nébian, Hérault.
Capouillez (Victor), d'Avion, à Montceau-les-Mines, Saône-et-Loire.
Cappe (Tillefost) et enf., de Lens, à Montluçon, Allier.
Capron (Evelina), d'Arras, à Deneuille-les-Mines, Allier.
Caramiaux (René), de Liévin, à Sainte-Thérence, Allier.
Carbonnier (Emile), de Liévin, à Saint-Fargeol, Allier.
Carbonnier (François), d'Hénin-Liétard, à Sare, Basses-Pyrénées.
Carête (Félicien) et enf., de Lens, à Lachapelaude, Allier.
Carion (Marie), d'Arras, à Lalizolle, Allier.
Carlé (Marie) et enf., de Grenay, à Bordères-sur-l'Echez, Htes-Pyrénées.
Carlier (Adélaïde), de Fouquières-les-Lens, à Varennes-sur-Teche, Allier.
Carlier (Mme), de Drocourt, à Varennes-sur-Allier, Allier.
Cartier (Augustin), de Fouquières-les-Lens, à Varennes-sur-Allier, Allier.
Carlier (Joseph), de Fouquières-les-Lens, à Arronnes, Allier.
Caron (Agnès) et fam., d'Arras, à Gannat, Allier.
Caron (Alfred) et enf., de Liévin, à Montceau-les-Mines, Saône-et-Loire.
Caron (Charlemagne), de Douvrin, à Louhans, Saône-et-Loire.
Caron (Eugène), de Lens, à Biarritz, Basses-Pyrénées.
Caron (Fortunée) et enf., d'Hénin-Liétard, à Varennes-sur-Allier, Allier.

Caron (Joséphine) et enf., de Douvrin, à Louhans, Saône-et-Loire.
Caron (Louis), d'Angres, à Montceau-les-Mines, Saône-et-Loire.
Caron (Marie), de Rimboval, à Biarritz, Basses-Pyrénées.
Caron (Marie-Louise), de Lens, à Biarritz, Basses-Pyrénées.
Carpentier (Arthur), de Lens, à Saint-Etienne, Loire.
Carpentier (Emile), de Sallaumines, à Nourty, Basses-Pyrénées.
Carpentier (Henri), d'Hénin-Liétard, à La Palisse, Allier.
Carpentier (Jules), de Montreuil-sur-Mer, à St-Esteben, Basses-Pyrénées.
Carpentier (Olivier), de Lens, à Saint-Etienne, Loire.
Carpentier (Zélima) et enf., d'Arras, à Nades, Allier.
Carré (Rosine) et enf., d'Arras, à Doyet, Allier.
Carré (Eugène), de Liévin, à Bordères-sur-l'Echez, Hautes-Pyrénées.
Carrez (Louis) et enf., de Liévin, à Montceau-les-Mines, Saône-et-Loire.
Carrez (Marie-Louise) et enf., de Liévin, à Ibos, Hautes-Pyrénées.
Carrier (Henriette) et enf., de Liévin, à Laprugne, Allier.
Carron (Jean-Baptiste) et fam., d'Arras, à Chareil-Cintrat, Allier.
Carton (Elise), d'Arras, à Moulins, Allier.
Carton (François) et son épouse, de Sallaumines, à Montluçon, Allier.
Carton (François), de Sallaumines, à Durdat-Larequille, Allier.
Carton (Germy), de Sallaumines, à Durdat-Larequille, Allier.
Carton (Marie), de Calonne-Liévin, à Saint-Fargeol, Allier.
Cattry (Jules) et fam., d'Arras, à Massigny, Allier.
Casier (Lucien), de Lens, à Coubjours, Dordogne.
Castel (Célina), de Méricourt, à Montauban, Tarn-et-Garonne.
Castelle (Eugénie) et enf., d'Hénin-Liétard, à Courçais, Allier.
Cateau (Maria), de Lens, à Saulzet, Allier.
Cathelain (Alfred) et son épouse, d'Arras, à Quinssaines, Allier.
Caty (Mme), de Loos-en-Gohelle, à Montluçon, Allier.
Cauchy (Lucienne) et enf., d'Hénin-Liétard, à Taxat-Senat, Allier.
Caudeleen (Angèle), d'Avion, à Montluçon, Allier.
Caudel (Mathilde), de Douvrin, à Montaigut-le-Blin, Allier.
Caudry (Lucie) et enf., d'Angres, à Varennes-sur-Allier, Allier.
Caudry (Elina) et enf., de Billy-Montigny, à Mayet-de-Montagne, Allier.
Caulier (Elisa), de Lens, à Lachapelaude, Allier.
Caussar (André), d'Arras, à Loriges, Allier.
Cauvelaere (Alfred), de Sallaumines, à La Celle, Allier.
Cavy (Robert), de Lens, à Varennes-sur-Allier, Allier.
Cayet (Marie), d'Arras, à Louroux-de-Bouble, Allier.
Cennebrock (Alfred), d'Hersin-Coupigny, à Saint-Etienne, Loire.
Chalon (Arthur), de Billy-Montigny, à Anhaux, Basses-Pyrénées.
Chameau (Robert), de Fouquières, à Marcillat, Allier.
Chamut (Madeleine) et enf., d'Arras, à Montluçon, Allier.
Chappes (Gilbert) et enf., de Grenay, à Malicorne, Allier.
Chapuis (Octave) et fam., de Sallaumines, à Deneuille-les-Mines, Allier.
Chapuis (Pierre), de Fouquières-les-Lens, à Epinac-les-Mines, Saône-et-L.
Charlat (Alexandre) et fam., de Grenay, à Bézenet, Allier.
Charlet (Jean-Baptiste), de Laventie, à St-Pée-sur-Nivelle, Basses-Pyrénées.
Charlon (Séraphin), d'Hénin-Liétard, à Saumeray, Eure-et-Loir.
Chatelain (Augustine) et enf., de Saint-Nicolas, à Verneix, Allier.
Chatelain (Marie) et enf., de Saint-Laurent, à Gannat, Allier.
Chatelin (Désiré), de Saint-Laurent-Blangy, à Commentry, Allier.
Chaminot (Marguerite), de Bully-Grenay, à Commentry, Allier.
Chuneau (Céline) et enf., de Lens, à Lachapelaude, Allier.
Cheronvrier (Albertine), d'Arras, à Prémilhat, Allier.
Chevalier (Amédée), d'Hénin-Liétard, à Bourdeilles, Dordogne.
Chevalier (Amélie) et enf., de Sallaumines, à Saint-Fargeol, Allier.
Chevalier (Angélique) et enf., d'Harnes, à Mayet-de-Montagne, Allier.
Chevalier (Angélique) et enf., d'Harnes, à La Chabanne, Allier.
Chevalier (Augustine), de Saint-Nicolas, à Montluçon, Allier.
Chevalier (Charles), de Billy-Montigny, à Orthez, Basses-Pyrénées.
Chevalier (Maria), de Beaurains, à Nades, Allier.
Chevallier (Georgina) et enf., d'Harnes, à Vichy, Allier.
Chevalliez (Isménie) et enf., d'Hénin-Liétard, à Taxat-Senat, Allier.
Chevelot (Auguste), de Fouquières-les-Lens, à St-Pourçain-s.-Sioule, Allier.
Chirat (Jean-Baptiste), d'Esvillers, à Bardos, Basses-Pyrénées.
Chomel (Clémence) et enf., d'Arras, aux Echassières, Allier.
Chopain (Adélaïde) et enf., de Vendin-le-Vieil, à Montluçon, Allier.
Chopain (Louise) et enf., de Vendin-le-Vieil, à Desertines, Allier.
Chopin (Louis) et enf., de Courrières, à Montceau-les-Mines, Saône-et-Loire.
Chopin (Rachel) et fam., de Liévin, à Mayet-de-Montagne, Allier.
Choque (Angèle), de Méricourt, à Vichy, Allier.
Choque (Isidore), de Fouquières-les-Lens, à Hérisson, Allier.
Chrétien, d'Arras, à Montluçon, Allier.
Clain (Victor), d'Arne, à Monlucon, Allier.
Classe (Marie) et enf., d'Angres, à Vichy, Allier.
Clays (Félicia), de Mazingarbe, à La Petite-Marche, Allier.
Clément (Marie) et enf., d'Arras, à Naves, Allier.
Cleugnet (Léon), de Sainte-Catherine-lez-Arras, à Pontoise, Seine-et-Oise.
Cleugnet (Marie) et enf., de Ste-Catherine-lez-Arras, à Pontoise, Seine-et-O.
Cleugnet (Marguerite), de Ste-Catherine-lez-Arras, à Pontoise, Seine-et-Oise.
Cligny (Joséphine), de Vendin-le-Vieil, à Desertines, Allier

Clique (Etienne), de Billy-Montigny, à Saint-Etienne, Loire.
Cluzel (Marie) et enf., de Grenay, à Bezenet, Allier.
Cocquel (Marie) et enf., d'Haisnes, à Montluçon, Allier.
Cocu (Alfred), d'Hénin-Liétard, à Montceau-les-Mines, Saône-et-Loire.
Cocu (Augustine), de Lens, à Puyoo, Basses-Pyrénées.
Cocu (Eugène), de Lens, à Puyoo, Basses-Pyrénées.
Cocu (Henri), de Lens, à Puyoo, Basses-Pyrénées.
Cocu (Narcisse), de Lens, à Puyoo, Basses-Pyrénées.
Cognet (Louis), de Sallaumines, à Deneuille-les-Mines, Allier.
Coiffier (Hippolyte), d'Arras, à Fontenay-sur-Eure, Eure-et-Loir.
Coilliot (Arthur), d'Oppy, à Fontenay-sur-Eure, Eure-et-Loir.
Coine (Jules) et son épouse, de Loos-en-Gohelle, à Aureilhan, Htes-Pyrénées.
Coint (Marie) et enf., d'Arras, à Bizeneuille, Allier.
Col (Jules), de Sallaumines, à Rouen, Seine-Inférieure.
Collard (Claire) et enf., de Lens, à Oursbelille, Hautes-Pyrénées.
Collin (Arthur) et fam., de Liévin, à Montluçon, Allier.
Colonne (Jeanne) et fam., de Lens, à Montluçon, Allier.
Compin (Jean-Baptiste), d'Hénin-Liétard, à Noyant, Allier.
Comte (Marius), d'Avion, à Marseille, Bouches-du-Rhône.
Constenoble (Joseph), d'Arras, à Montluçon, Allier.
Coolen (Jules) et son épouse, de Liévin, à Soues, Hautes-Pyrénées.
Copain (Eléonore), de Bully-Grenay, à Montluçon, Allier.
Copin (Florent), de Lens, à Saint-Gratien, Seine-et-Oise.
Copin (Théodule), de Noyel-sous-Lens, à Nizerolles, Allier.
Coppos (Mme), de Liévin, à Montluçon, Allier.
Coquelin (Jean), de Vainque, à Argenteuil, Seine-et-Oise.
Coquerelle (Désiré), d'Angres, à Agnos, Basses-Pyrénées.
Coquide (Estelle) et enf., de Fouquières-les-Lens, à St-Priest-d'Andelot, Allier
Coquin (Gabrielle), d'Arras, à Doyet-la-Presle, Allier.
Corion (Veuve) et fam., de Saint-Laurent-Blangy, à St-Angel, Allier.
Corrion (Fleury), de Lens, à Mazirat, Allier.
Corrion (Veuve), de Saint-Nicolas-les-Arras, à Moulins, Allier.
Cotier (Hermine) et fam., de Grenay, à Bordères-sur-l'Echez, Htes-Pyrénées.
Cottin (Emile), de Fouquières-les-Lens, à Epinac-les-Mines, Saône-et-Loire.
Cottin (Joanny), de Fouquières-les-Lens, à Epinac-les-Mines, Saône-et-Loire.
Cottin (Pierre), de Fouquières-les-Lens, à Epinac-les-Mines, Saône-et-Loire.
Couchart (Alphonse), de Liévin, à Salies-de-Béarn, Basses-Pyrénées.
Coulon (A.) et fam., de Saint-Laurent-de-Blangy, à Saint-Pont, Allier.
Courbois (Louis), d'Hénin-Liétard, à Courçais, Allier.
Courcelle (Ferdinand), de Villers-l'Hôpital, à Montluçon, Allier.
Courcol (Sophie) et enf., de Douvrin, à Saint-Germain-des-Fossés, Allier.
Courquin (Léa), de Lens, à Saint-Jean-de-Luz, Basses-Pyrénées.
Courtin (Emile) et fam., d'Arras, à Barberier, Allier.
Courtin (Georges), de Saint-Laurent-Blangy, à Commentry, Allier.
Cousin (Alcidie), d'Agny, à Espinasse-Vozelle, Allier.
Cousin (Catherine), de Cinq-Corons, à Séméac, Hautes-Pyrénées.
Cousin (Jules) et enf., de Boussois, à Cusset, Allier.
Cousin (Marin), d'Hénin-Liétard, à Marcillat, Allier.
Couture (Eléonore) et fam., de Liévin, à Bordères-s-l'Echez, Basses-Pyrénées.
Couture (Louis) et enf., de Liévin, à Aureilhan, Basses-Pyrénées.
Couture (Rosalie), de Lens, à Doyet, Allier.
Couzigou (Julienne), de Mareuil, à Commentry, Allier.
Couzigou (Marie) et enf., de Mareuil, à Montluçon, Allier.
Cramette (Georgette), d'Arras, à Gannat, Allier.
Crépien (Arthur), de Fresnes, à Saint-Pée-sur-Nivelle, Basses-Pyrénées.
Crépin (Clémence) et enf., d'Achicourt, à Chareil-Cintrat, Allier.
Crépin (J.-B.) et fam., de Beaurain-les-Arras, à St-Germain-en-Laye, S.-et-O.
Cresson (C.) et fam., de Loos-en-Gohelle, à Bernac-Debat, Htes-Pyrénées.
Cresson (François) et enf., de Lens, à Saint-Fargeol, Allier.
Cresson (Joséphine) et enf., d'Arras, à Verneix, Allier.
Crétal (Marie) et enf., de Givenchy-en-Gohelle, à Treteau, Allier.
Cretem (Félix), de Billy-Montigny, à Cintegabelle, Haute-Garonne.
Crœnne (Henri), de Lens, à Terjat, Allier.
Crohem (Emélie), d'Arras, à Gannat, Allier.
Crohin (Hélène) et fam., de Loison-sous-Lens, à Commentry, Allier.
Crohin (Julie) et enf., de Lens, à Montluçon, Allier.
Cronstadez (Justine) et enf., de Liévin, à Vichy, Allier.
Croquefer (Léon) et fam., d'Arras, à Mayet-d'Ecole, Allier.
Crucq (Marie) et enf., de Méricourt-Lens, à Varennes-sur-Allier, Allier.
Crugiberg (Elisabeth) et enf., de Saint-Nicolas, à Montluçon, Allier.
Cusinier (Jean), de Rouvroy-Nouméa, à Cusset, Allier.
Cuyeilleer (Zélie), d'Harnes, à Mayet-de-Montagne, Allier.
Cuvillery (Elise) et fam., d'Arras, à Louroux-de-Bouble, Allier.
Cuvillie (Zélie), d'Harnes, à La Chabanne, Allier.
Dacheville (Adrien), de Noyelles-sous-Lens, à Mazirat, Allier.
Dagniaux (Adélaïde), de Brebières, à Commentry, Allier.
Dailly (Marie) et enf., d'Hénin-Liétard, à Taxat-Senat, Allier.
Dalé (Clémence), de Sallaumines, à Chirat-l'Eglise, Allier.
Dailly (Marie) et enf., de Liévin, à Aureilhan, Hautes-Pyrénées.
Damelaincourt (Léopoldine) et enf., de Sallaumines, à Terjat, Allier.
Damez (Hector) et fam., de Saint-Nicolas-Arras, à Echassières, Allier.

Damien (Veuve), d'Arras, à Moulins, Allier.
Damiens (Angèle) et enf., d'Hénin-Liétard, à Montluçon, Allier.
Damiens (Auguste) et enf., d'Hénin-Liétard, à Montluçon, Allier.
Damiens (Benoît), d'Hénin-Liétard, à La Ricamarie, Loire.
Danas (Julie) et enf., de Fouquières-lez Lens, à Varennes-sur-Allier, Allier.
Dancoin (Veuve) et fam., de Saint-Laurent-Blangy, à Saint-Angel, Allier.
Dancoisne (J.-B.), de Meurchin, à Bustince-Iriberry, Basses-Pyrénées.
Danel (Victorine) et enf., d'Arras, à Doyet, Allier.
Darat (Hortense) et fam., d'Agny, à Monestier, Allier.
Darchicaut (Virginie) et enf., d'Hénin-Liétard, à Châtemontagne, Allier.
Darras (Célinie), d'Agny, aux Arcs, Var.
Darras (Louise) et fam., de Mazingarde, à Trevol, Allier.
Darros (Juliette) et fam., d'Arras, à Deneuille-les-Mines, Allier.
Dassonville (Eugène), de Bailleul-sur-Berthoux, à Commentry, Allier.
Daubraise (Adolphe), de Liévin, à Montceau-les-Mines, Saône-et-Loire.
Dauchy (Hermance), de Tilloy-les-Mofflaines, à Espinasses-Vozelles, Allier.
Daudenthum (Veuve) et enf., de Calais, à Moulins, Allier.
Daumont (Berthe) et enf., de Liévin, à Arcizac-Adour, Hautes-Pyrénées.
Daumont (Léontine), de Liévin, à Tarbes, Hautes-Pyrénées.
Daumont (Louis), de Liévin, à Arcizac-Adour, Hautes-Pyrénées.
Dauphin (Léonie), d'Arras, à Orègue, Basses-Pyrénées.
Daussy (Zélie) et enf., de Rouvroy, à Montluçon, Allier.
Dautricourt (Adélaïde), d'Arras, de Bizeneuille, Allier.
Dealet (Auguste) et fam., d'Arras, à Espinasse-Vozelles, Allier.
Debacker (Eugène) et fam., de Vimy, à Durdat-Larequille, Allier.
Debailleul (Célina) et fam., de Lens, à Bordères-s.-l'Echez, Htes-Pyrénées.
Debarbat (Jean) et fam., de Rouvroy, à Arpheuilles-Saint-Priest, Allier.
Debarge (Henri), de Fouquières-les-Lens, à Mazirat, Allier.
Debarge (Henri), de Fouquières-les-Lens, à Montluçon, Allier.
Debarre (Marie) et enf., de Lens, à Varennes-sur-Allier, Allier.
Debekker (Albéric), de Quenast, à Buxières-les-Mines, Allier.
Debethune (A.) et fam., de St-Nicolas-les-Arras, à Commentry, Allier.
Debonnœul (Marie) et fam., d'Arras, à Doyet, Allier.
Debrenne (Auguste), d'Epinoy, à Espelette, Basses-Pyrénées.
Debril (Germaine) et fam., de Liévin, à Bordères-s.-l'Echez, Htes-Pyrénées.
Debruc (Oscar) et enf., de Lens, à Séméac, Hautes-Pyrénées.
Debruyne (Camille), de Bully-Grenay, à Saint-Etienne, Loire.
Debuiré (Lucie), de Sainte-Catherine, à Pontoise, Seine-et-Oise.
Decamp (J.-B.), de Liévin, à Mazirat, Allier.
Descamps (Jean-Baptiste), de Liévin, à Bidache, Hautes-Pyrénées,
Decbée (Veuve) et enf, d'Arras, à Moulins, Allier.
Declunder (Léonard), de Liévin, à Saint-Fargeol, Allier.
Decorps (Marie), de Barlin, à Bezenet, Allier.
Decourd (Mme), de Saint-Laurent-Blangy, à Saint-Angel, Allier.
Decroix (Alphonse), de Billy-Montigny, à Orthez, Basses-Pyrénées.
Decroix (Charles), de Billy-Montigny, à Orthez, Basses-Pyrénées.
Decroix (Rosalie), de Billy-Montigny, à Orthez, Basses-Pyrénées.
Déclisse (Onésime) et enf., d'Hénin-Liétard, à Mazirat, Allier.
Dedoobat (Louis), d'Arras, à Montluçon, Allier.
Deffieux (René) et son épouse, du Coteau-Combieu, à Montluçon, Allier.
Defleury (Flore), de Saint-Laurent-Blangy, à Commentry, Allier.
Defossé (François), d'Arras, à Saumeray, Eure-et-Loir.
Defossé (Marie), d'Aire-sur-la-Lys, à Charbonnat, Saône-et-Loire.
Defrance (Gaston) et fam., d'Harnes, à Vaux, Allier.
Defrance (Henri), d'Harnes, à Montluçon, Allier.
Dégalet (Céline) et fam., d'Avion, à La Petite-Marche, Allier.
Dégaud (Emile), de Lens, à Urdès, Basses-Pyrénées.
Dégaud (Emilie), de Lens, à Urdès, Basses-Pyrénées.
Degand (Henri), de Sallaumines, à Saint-Etienne, Loire.
Degarden (Alphonse), de Sallaumines, à Montauban, Tarn-et-Garonne.
Degorgue (François), de Lens, à Trevol, Allier.
Dégorré (Ernest) et fam., de Mazingarbe, à Marcillat, Allier.
Degosse (Laurent), de Courrières, à Montauban, Tarn-et-Garonne.
Degremont (Madeleine), de Liévin, à Montluçon, Allier.
Deguin (Georges) et fam., de Méricourt, à Montluçon, Allier.
Dehaut (Marie) et enf., de Liévin, à Laprugne, Allier.
Dehaye (Léandre), de Billy-Montigny, à Rouen, Seine-Inférieure.
Dehay (Marie) et fam., de Méricourt, à Marcillat, Allier.
Dehay (Victor), de Saint-Laurent-Blanzy, à Saint-Pont, Allier.
Déhée (Victoria), d'Arras, à Bizeneuille, Allier.
Dehec (Léon) et fam., de Lens, à Commentry, Allier.
Dehey (Pauline), de Sallaumines, à Ronnet, Allier.
Dehon (Marie) et enf., de Loos-en-Gohelle, à Monières, Hautes-Pyrénées.
Deidda (Joseph), de Noyelles-sous-Lens, à Saint-Etienne, Loire.
Dujardin (Lucienne), de Sallaumines, à Montauban, Tarn-et-Garonne.
Dakaon (Gaston), de Saint-Laurent-Blanzy, à Saint-Angel, Allier.
Dekeyser (Louise) et enf., de Lens, à Montauban, Tarn-et-Garonne.
Dekoninck (Victor) et fam., de Sallaumines, à Séméac, Hautes-Pyrénées.
Delabarre (Berthe) et fam., de Loos-en-Gohelle, à Momères, Htes-Pyrénées
Delabier (Marie), d'Annezin, à La Rochelle, Charente-Inférieure.
Delaby (Dominique) et enf., de Liévin, à Terjat, Allier.

Delaby (Louis), de Liévin, à Montluçon, Allier.
Delaby (Sophie), de Lens, à Ferrières-s.-Lichon, Allier.
Delaby (Veuve) et enf., d'Arras, à Ussel-d'Allier, Allier.
Delacourt (Emile), de Lens, à Courçais, Allier.
Delacroix (Emile), de Carvin, à La Palisse, Allier.
Deladre (Extelle) et enf., de Sallaumines, à Saint-Fargeol, Allier.
Delahaye (Joséphine) et enf., de Lens, à Courçais, Allier.
Delahaye (Joséphine) et fam., de Noyelles-sous-Lens, à Cusset, Allier.
Delahère (Henri), de Billy-Montigny, à Orthez, Basses-Pyrénées.
Delamare (Ismérie) et fam., de Roclincourt, à Oursbelille, Htes-Pyrénées.
Delambre (Paul), de Noyelles-en-Lotos, à Cruzy, Hérault.
Delanney (Joséphine), d'Arras, à Saint-Germain-des-Fossés, Allier.
Delannoy (Auguste), de Roclincourt, à Verneix, Allier.
Delaporte (Eugène), d'Arras, à Mouguerre, Basses-Pyrénées.
Delassus (Paul), de Bully-Grenay, à Commentry, Allier.
Delassus (Pol), de Bully-les-Mines, à Montluçon, Allier.
Delâtre (Alphonse), de Sallaumines, à Nizerolles, Allier.
Delatre (Clémence), de Lens, à Montluçon, Allier.
Delatre (Léonie) et enf., d'Harnes, à Mayet-de-Montagne, Allier.
Delattre (Blanche), de Sallaumines, à Créchy, Allier.
Delattre (Clémence) et fam., de Lens, à Commentry, Allier.
Delattre (Flore) et enf., de Blangy-les-Arras, à Quinssaines, Allier.
Delattre (Maurice), de Liévin, à Blanzy, Saône-et-Loire.
Delaubel (Hortense) et enf., de St-Laurent-Blangy, à St-Angel, Allier.
Delautel (Philomène) et enf., d'Arras, à Massigny, Allier.
Delaverrière (Catherine), de Rouvroy-Nouméa, à Cusset, Allier.
Delayem (Achille), de Saint-Omer, à Chalon-sur-Saône, Saône-et-Loire.
Delayem (Alphonse), de Saint-Omer, à Chalon-sur-Saône, Saône-et-Loire.
Delayem (Alfred), de St-Omer, à Chalon-sur-Saône, Saône-et-Loire.
Delayem (Eglantine), de St-Omer, à Chalon-sur-Saône, Saône-et-Loire.
Delayem (Eugénie), de St-Omer, à Chalon-sur-Saône, Saône-et-Loire.
Delayem (Hortense), de St-Omer, à Chalon-sur-Saône, Saône-et-Loire.
Delayem (Jeanne), de St-Omer, à Chalon-sur-Saône, Saône-et-Loire.
Delayem (Lucie), de St-Omer, à Chalon-sur-Saône, Saône-et-Loire.
Delayem (Lucie-Augustine), de St-Omer, à Chalon-sur-Saône, Saône-et-Loire.
Delayem (Marguerite), de St-Omer, à Chalon-sur-Saône, Saône-et-Loire.
Delayem (Marie) et fam., de St-Omer, à Chalon-sur-Saône, Saône-et-Loire.
Delayem (René), de St-Omer, à Chalon-sur-Saône, Saône-et-Loire.
Delbamcq (Evariste) et fam., de Méricourt, à Vichy, Allier.
Delbecq (Marie) et enf., de Sallaumines, à Mayet-de-Montagne, Allier.
Delbarre (Hippolyte) et enf., de Lens, à Montceau-les-Mines, Saône-et-Loire.
Delcourt (Alice) et enf., de Liévin, à Bordeaux, Gironde.
Delcourt-Bardon (Sophie), de Douvrin, à St-Jean-de-Luz, Basses-Pyrénées.
Delcourt (Stéphanie), de Douvrin, à St-Jean-de-Luz, Basses-Pyrénées.
Delcroix (Angélique), de Montigny, à Varennes-s.-Allier, Allier.
Delcroix (Camille) et fam., de Douvrin, à Créchy, Allier.
Delcroix (Jules), d'Hénin-Liétard, à Montceau-les-Mines, Saône-et-Loire.
Delcroix (Ursuline), d'Haisne, à Créchy, Allier.
Delcury (Aurélie), d'Haisne-la-Bassée, à St-Germain-des-Fossés, Allier.
Delebecque (Gabrielle) et enf., de Loos-en-Gohelle, à Bazas, Gironde.
Delelis-Delplace, d'Arras, à Rouen, Seine-Inférieure.
Délépine (Célina), de Billy-Montigny, à Orthez, Basses-Pyrénées.
Délépine (René), de Billy-Montigny, à Orthez, Basses-Pyrénées.
Délépine (René), de Billy-Montigny, à Orthez, Basses-Pyrénées.
Delfal (Emile), de Billy-Montigny, à Orthez, Basses-Pyrénées.
Delfal (Zoé), de Billy-Montigny, à Orthez, Basses-Pyrénées.
Delfolie (Mireilla), de Lens, à Créchy, Allier.
Delforge (Ch.) et enf., d'Aunay-s.-Lens, à Montceau-les-Mines, Saône-et-Loire.
Delforge (Rachel), de Sallaumines, à Chamblet, Allier.
Deligne (Alphonse) et fam., de Vimy, à Vichy, Allier.
Deligne (Hélène), de Lens, à Biarritz, Basses-Pyrénées.
Delysse (Etienne), de Billy-Montigny, à Orthez, Basses-Pyrénées.
Delysse (Jeanne), de Billy-Montigny, à Orthez, Basses-Pyrénées.
Delysse (Omer), de Billy-Montigny, à Orthez, Basses-Pyrénées.
Deneuville (Adèle), et enf., de Salomé, à Séméac, Hautes-Pyrénées.
Deneux (Victoire) et enf., de Loos-en-Gohelle, à Séméac, Hautes-Pyrénées.
Deroubaix (Julien), de Canteleu, à Osserain-Rivareyte, Basses-Pyrénées.
Deruelle (Norbert), d'Hénin-Liétard, à Amboa, Basses-Pyrénées.
Deruy (Léonie) et enf., d'Eleu-Dit-Leauwette, à Séméac, Hautes-Pyrénées.
Deschamps (Angélina), d'Avion, à Urt, Basses-Pyrénées.
Desmid (Charles), de Billy-Montigny, à Orthez, Basses-Pyrénées.
Desmid (Floréal), de Billy-Montigny, à Orthez, Basses-Pyrénées.
Desmid (Rose), de Billy-Montigny, à Orthez, Basses-Pyrénées.
Devos (Louise), de Liévin, à La Rochelle, Charente-Inférieure.
Dheedenc (Louise), de Calonne-Liévin, à Séméac, Hautes-Pyrénées.
Déligne (Sophie), de Bihucourt, à Versailles, Seine-et-Oise.
Délisse (Louis) et fam., de Montigny-en-Gohelle, à St-Pont, Allier.
Delletri (Louis) et fam, de Liévin, à Montluçon, Allier.
Delmerd (Juliette), de Lens, à Montluçon, Allier.
Delmorte (Mme) et enf., d'Arras, à Martoldre, Allier.
Delocil (Eugénie) et enf., d'Hénin-Liétard, à Grignols, Gironde.

Deloffre (B.) et enf., de Courcelles-lès-Lens, à Montceau-les-Mines, Saône-et-L.
Deloffre (Raymonde) et enf., de Courvières, à Gannat, Allier.
Delouat (Coralie) et enf., de Fouquières-lès-Lens, à St-Nicolas-des-Bief, Allier.
Deloubrière (Octavie) et enf., de Liévin, à Cusset, Allier.
Delplace (Angélique) et enf., de Liévin, à Montluçon, Allier.
Delplace (Émile) et enf., de Liévin, à Commentry, Allier.
Delplanque (Adolphe), de Sallaumines, à Cusset, Allier.
Delplanque (Marie) et enf., de Billy-Montigny, à Montmarault, Allier.
Delsaux-Dupas, de Lens, à Rouen, Seine-Inférieure.
Delvry (Louis), d'Haisne, à Châtelmontagne, Allier.
Delwart (Louisa), de Lens, à Créchy, Allier.
Delwart (Louise), de Drocourt, à Créchy, Allier.
Delwart (Victor) et fam., de Montigny-en-Gohelle, à Varennes-s.-Tèche, Allier.
Demacby (Octave), de Liévin, à Cusset, Allier.
Demay (Alphonse), de Billy-Montigny, à Montluçon, Allier.
Demer (Édouard), de Wingles, à Montceau-les-Mines, Saône-et-Loire.
Demey (Alphonse), de Fouquières-lès-Lens, à Commentry, Allier.
Demolui (Hortense), de Rouvroy, à Gagnac, Haute-Garonne.
Demonchaux (Julien), d'Hendecourt-lès-Gagnicourt, à St-Clément, Allier.
Demotte (Zéma), d'Arras, à Coutansouze, Allier.
Demoulin (Victor), d'Arras, à Prémilhat, Allier.
Deneuville (Anatole), de St-Nicolas, à Cruzy, Hérault.
Deneuville (Louis), de St-Nicolas, à Cruzy, Hérault.
Denève (Renée), de St-Laurent-Blangy, à Buzet, Haute-Garonne,
Denis (Céline) et enf., d'Arras, à Lalizolle, Allier.
Denis (Florentine) et fam., d'Avion, à Magnet, Allier.
Denis (Vve), de Loison-Toulens, à Montluçon, Allier.
Denoyelle (Aurélie) et enf., de Fouquières-lès-Lens, à Martvicq, Allier.
Denys (Zébre) et enf., de Liévin, à Montvicq, Allier.
Deparis (Flore) et enf., d'Aire-sur-la-Lys, à Charbonnat, Saône-et-Loire.
Deparis (René), d'Aire-sur-la-Lys, à Charbonnat, Saône-et-Loire.
Deplanque (Henri), de Vimy, à Montluçon, Allier.
Deplanque (Henri) et enf., de Vimy, à Commentry, Allier.
Deporter (Georges), de Sallaumines, à St-Étienne, Loire.
Depret (Armand), de Sallaumines, à St-Fargeol, Allier.
Deprêt (Jeanne) et enf., d'Avion, à Magnet, Allier.
Deprez (Herméline) et enf., de Rouvroy, à Marcillat, Allier.
Depyl (Aimable), de Liévin, à Montceau-les-Mines, Saône-et-Loire.
Dequeant (Auguste) et fam., de St-Laurent-Blangy, à Commentry, Allier.
Dequeant (Ernest) et fam., de St-Laurent-Blangy, à Commentry, Allier.
Dequéant (Jeanne) et enf., de Blangy-les-Arras, à Quinssaines, Allier.
Derambure (Raymond), de St-Nicolas, à Cruzy, Hérault.
Dercourt (Marie) et enf., d'Hénin-Liétard, à Varennes-sur-Allier, Allier.
Deregnecourt (Estelle), de St-Laurent-Blangy, à Commentry, Allier.
Derly (Benjam.) et enf., de Beaumont-d'Artois, à Montauban, Tarn-et-Garonne.
Derly (Julienne) et enf., de Beaumont-d'Artois, à Montauban, Tarn-et-Garonne.
Derveux (Victoria), d'Hénin-Liétard, à Grignol, Gironde.
Deroulin (Clémence) et enf., de Sallaumines, à Montluçon, Allier.
Déroux (Alfred), d'Hénin-Liétard, à St-Étienne-de-Vicq, Allier.
Deruy (Palmyre), d'Arras, à Nades, Allier.
Dervaux (Auguste), d'Avion, à Magnet, Allier.
Desage (Alfred), de Billy-Montigny, à Montceau-les-Mines, Saône-et-Loire.
Desailly (Ulysse), de Givenchy-en-Gohelle, à Tréteau, Allier.
Desbureaux (Ezelie), d'Arras, à Bezeneuille, Allier.
Descamps (Joseph), de Carvin-Libercourt, à Commentry, Allier.
Descomps (Ferdinand) et fam., de Rouvroy, à Quinssaines, Allier.
Desfrétière (François), de Lens, à Chappes, Allier.
Desfretieres (François), de Lens, à Theneuille, Allier.
Desgardins (Éléonore) et enf., de Sallaumines, à Cognat-Lyonne, Allier.
Desgardins (Auguste), d'Hénin-Liétard, à Bordeaux, Gironde.
Desgardins (César), de Ficheux, à Montagny-les-Buxy, Saône-et-Loire.
Desgranges (Fr.) et fam., de Fouquières-lès-Lens, à Deneuille-les-Mines, Allier.
Deslier (Phil.) et enf., de Fouquières-lès-Lens, à Mayet-de-Montagne, Allier.
Deslière (Jean-Baptiste), de Billy-Montigny, à St-Étienne, Loire.
Desmarest (Émile) et enf., de Lens, à Montceau-les-Mines, Saône-et-Loire.
Desmet (Adille), de Carvin, à St-Étienne, Loire.
Désort (Jules), de Roclincourt, à Sussat, Allier.
Désoteux (Antoinette) et enf., de Rouvroy, à Créchy, Allier.
Després (Julie) et enf., de Givenchy-en-Gohelle, à Tréteau, Allier.
Despreés (Lucien), d'Écurie, à Montluçon, Allier.
Desprez (Gustave) et enf., de Rouvroy, à Varennes-s.-Allier, Allier.
Desroches (Désiré) et fam., de Grenay, à Bezenet, Allier.
Desruelles (Louis) et son épouse, d'Harnes, à Saulzet, Allier.
Dessinges (Louis) et fam., de Royelle-s-Lens, à Gagnac, Haute-Garonne.
Dessot (Philomène), d'Arras, à Bizeneuille, Allier.
Destrebeck (Louise) et enf., d'Avion, à Magnet, Allier.
Desunart (Camille) et enf., de Bully-Grenay, à Nassigny, Allier.
Detiège (Joseph) et enf., de Fouquières-lès-Lens, à Montluçon, Allier.
Devaux (Charles), de Liévin, à Trevol, Allier.
Dewatine (Constantin) et fam., d'Harnes, à La Chabanne, Allier.
Dewatine (Constantin) et fam., d'Harnes, à Mayet-de-Montagne, Allier.

Dévémy (Juliette) et enf., de Sallaumines, à Marcillat, Allier.
Devin (Augustin) et enf., de Vendin-le-Vieil, à Créchy, Allier.
Devroé (Auguste), d'Hénin-Liétard, à St-Étienne, Loire.
Devroé (Marcelle), de Blangy-les-Arras, à Quinssaines, Allier.
Dezitter (Émile), de Lens, à St-Étienne, Loire.
Dhué-Ruyters et fam., d'Arras, à Sussat, Allier.
Didier (Julienne) et enf., d'Arras, à Gannat, Allier.
Didier (Thérèse), d'Arras, à La Palisse, Allier.
Didier (Thérèse), d'Arras, à Varennes-s.-Allier, Allier.
Dieu (Albert), d'Arras, à Cérilly, Allier.
Dieu (Elise) et enf., de Douvrin, à Châtelmontagne, Allier.
Dieu (Marie), de Liévin, à Cusset, Allier.
Diligne (Céline), de Lens, à Biarritz, Basses-Pyrénées.
Dinant (Alfred), de Lens, à Lachapelaude, Allier.
Diseaux (Laure), de Rouvroy, à Montluçon, Allier.
Dobœuf (Henri), de Lens, à Aureilhan, Hautes-Pyrénées.
Dobœuf (Marguerite) et enf., d'Arras, à Verneix, Allier.
Dodat et fam., de Vermelles, à Montluçon, Allier.
Doile (Léa) et enf., d'Arras, à Mayet-de-Montagne, Allier.
Dolbeut (Alphonse) et fam., de Lens, à Montluçon, Allier.
Dollan (Hubert), de Lens, à Montluçon, Allier.
Dollier (Alexandrine) et fam., de Bully-Grenay, à Commentry, Allier.
Dolliex (Marguerite) et enf., de Bully-Grenay, à Montluçon, Allier.
Dominique (Auguste) et son épouse, de Liévin, à Montluçon, Allier.
Donglot (Marie), de Fouquières-les-Mines, à Mayet-de-Montagne, Allier.
Dordain (Louise), de Lens, à Tarbes, Hautes-Pyrénées.
Dormancourt (Marthe) et enf., de Liévin, à Montluçon, Allier.
Dossu (Marcel), de Montigny-en-Gohelle, à Montauban, Tarn-et-Garonne.
Dosy (Henri) et fam., de Saint-Laurent-Blanzy, à Saint-Pont, Allier.
Dottin (Louise) et enf., de Liévin, à Montluçon, Allier.
Doué (Victor) et fam., d'Arras, à Doyet, Allier.
Douez (Berthe) et enf., de Drocourt, à Varennes-sur-Allier, Allier.
Douvran (Alice), de Noyelles-sous-Lens, à Cusset, Allier.
Drécourt (Joséphine), de Brebière, à Creuzier-le-Vieux, Allier.
Drelon (Amélie) et enf., de Vendin-le-Vieil, à Creuzier-le-Vieux, Allier.
Drelon (Léandre) et fam., de Lens-Méricourt, à Ferrières-sur-Sichon, Allier.
Dremière (Jules) et enf., d'Arras, à Bizeneuille, Allier.
Driessen (Thérèse), d'Arras, à Gannat, Allier.
Droncourt (Vindicien), de Biache, à Hasparren, Basses-Pyrénées.
Druelle (François) et enf., de Rouvroy, à Montceau-les-Mines, Saône-et-Loire.
Druet (Marie) et enf., de Lens, à Saint-Clément, Allier.
Drumet (Jules), de Lens, à Saint-Michel, Basses-Pyrénées.
Drut (Victor), de Lens, à Saint-Étienne, Loire.
Dubal (Christophe) et enf., de Liévin, à Créchy, Allier.
Dubois (Adolphe), de Boulogne-sur-Mer, à Sourzaide, Basses-Pyrénées.
Dubois (Alphonse), de Fresnc-sur-Escaut, à Lapalisse, Allier.
Dubois (Angèle) et enf., de Liévin, à Montluçon, Allier.
Dubois (Blanche) et enf., d'Arras, à Chareil-Cintrat, Allier.
Dubois (Charles), d'Avion, à Montceau-les-Mines, Saône-et-Loire.
Dubois, d'Arras, à Rouen, Seine-et-Inférieur.
Dubont (Émilie) et enf., de Calonne-Liévin, à Barbazan-Debat, Hautes-Pyr.
Dubos (Camille), de Liévin, à Fontenay-sur-Eure, Eure-et-Loire.
Dubout (Nicolas), de Lens, à Montceau-les-Mines, Saône-et-Loire.
Dubrencq (Euphrasie) et enf., de Sallaumines, à Créchy, Allier.
Dubreuil (Pauline) et enf., d'Avion, à Montluçon, Allier.
Dubronnel (Juliette), de Liévin, à Villebret, Allier.
Dubrulle (Marcel), de Liévin, à Arras, Allier.
Dubrulle (Marcel), de Liévin, à Montluçon, Allier.
Dubrulle (Marie) et enf., d'Ambleteuse, à Taverny, Seine-et-Oise.
Dubrulle (Ulysse), de Liévin, à Montluçon, Allier.
Dubuche (Auguste) et enf., d'Arras, à Coutansouze, Allier.
Dubuche (Auguste), d'Arras, à Mondionde, Basses-Pyrénées.
Dubuche (Marie) et fam., d'Arras, à Deneuille-les-Mines, Allier.
Dubuisson (Abel), de Lens, à Montluçon, Allier.
Dubuisson (Louis), de Baralle, à Saint-Félix, Allier.
Duc (Céline), de Lens, à Biarritz, Basses-Pyrénées.
Duc (Germaine), de Lens, à Biarritz, Basses-Pyrénées.
Duc (Henri), de Lens, à Biarritz, Basses-Pyrénées.
Duc (Joseph) et enf., de Lens, à Biarritz, Basses-Pyrénées.
Duc (Jules), de Lens, à Saint-Étienne, Loire.
Ducamp (Laure) et fam., d'Arras, à Brout-Vernet, Allier.
Ducamps (Victorine), d'Arras, à Brout-Vernet, Allier.
Ducatez (Marie) et enf., de Méricourt-sous-Lens, à Cognat-Lyonne, Allier
Duchêne (Léon), d'Eleu, à Yèvres, Eure-et-Loir.
Duez (Hermine), d'Hénin-Liétard, à Marcillat, Allier.
Dufetelle et ép., de Vimy, à Rouen, Seine-et-Oise.
Duflos (Ambroisine) et enf., de Montigny-en-Gohelle, à Villebret, Allier.
Duflos (Cécile) et enf., de Fouquières-lès-Lens, à Virby, Allier.
Duflot (Maurice), d'Hénin-Liétard, à Marcillat, Allier.
Duflot (Paul), de Liévin, à Creuzier-le-Vieux, Allier.
Dufossez (Marguerite), de Méricourt, à Cusset, Allier.

Dufour (Albertine) et enf., de Meurchin, à Creuzier-le-Vieux, Allier.
Dufour (Gustave), d'Hendecourt-les-Ransard, à St-Pée-sur-Nivelle, Bass.-Pyr.
Dufour (Pierre), d'Aunay, à Desertines, Allier.
Dufourmentelle (Aurélie), d'Arras, à Barberier, Allier.
Dufresne (Augustin) et enf., de Méricourt, à Creuzier-le-Neuf, Allier.
Dufresne (Madeleine) et enf., de Lens, à Montluçon, Allier.
Dugauguez (Augustin), d'Hénin-Liétard, à Saint-Etienne, Loire.
Dugimont (Eugénie), d'Harnes, à Mayet-de-Montagne, Allier.
Dugimont (Frumenie) et enf., d'Harnes, à Mayet-de-Montagne, Allier.
Dujardin (Juliette) et enf., d'Hénin-Liétard, à Varennes-sur-Allier.
Dujardin (Marie), de Lens, à Montluçon, Allier.
Duliou (Odile) et enf., de Montigny-en-Goh, à Monteignet, l'Andelot, All.
Dumaine (Louis), de Liévin, à Montceau-les-Mines, Saône-et-Loire.
Dumarquez (Henri), de Courcelles-les-Lens, à Périgny, Allier.
Dumazet (Jules), de Liévin, à Montvicq, Allier.
Dumont (Alphonsine), de Roclincourt, à Tarbes, Hautes-Pyrénées.
Dumont (Angèle), d'Arras, à Bizeneuille, Allier.
Dumont (Clémentine), de Méricourt, à Gurmençon, Basses-Pyrénées.
Dumont (Clothilde), de Roclincourt, à Tarbes, Hautes-Pyrénées.
Dumont (Domitille), d'Arras, à Bizeneuille, Allier.
Dumont (Victor), de Laventy, à Montluçon, Allier.
Dumont (Zoé), de Méricourt, à Gurmençon, Basses-Pyrénées.
Dumortier (Victor) et fam., de Meurchin, à Montceau-les-Mines, Saône-et-L.
Dunat (Appoline), de Vermelles, à Tarsacq, Basses-Pyrénées.
Dunat (Marguerite), de Vermelles, à Tarsacq, Basses-Pyrénées.
Dunat (Marie), de Vermelles, à Tarsacq, Basses-Pyrénées.
Dupiney (Lucien), de Boulogne-sur-Mer, à Sare, Basses-Pyrénées.
Dupire (Aimée) et enf., d'Arras, à Lavoine, Allier.
Dupire (Archalaüs), de Méricourt, à Gurmençon, Basses-Pyrénées.
Dupise (Adèle), d'Arras, à Montluçon, Allier.
Dupise (Alphonse) et ép., d'Arras, à Montluçon, Allier.
Dupise (Augustine), de Lens, à Montluçon, Allier.
Duplat (Emilia) et enf., d'Haisnes, à Sanssat, Allier.
Dupont (Adèle), de Sallaumines, à Mayet-de-Montagne, Allier.
Dupont (Alphonsine), d'Arras, à Montluçon, Allier.
Dupont (Ernest) et enf., de Brebières, à Montluçon, Allier.
Dupont (Ernest) et enf., de Brebières, à Montluçon, Allier.
Dupont (François), de Lens, à Saint-Fargeol, Allier.
Dupont (Marcel), d'Hénin-Liétard, à Montauban, Tarn-et-Garonne.
Dupré (Aline), de Lens, à Aureilhan, Hautes-Pyrénées.
Dupuis (Arthur), d'Arras, à Gannat, Allier.
Dupuis (Henri) et fam., de Liévin, à Saint-Fargeol, Allier.
Dupuis (Joseph), de St-Laurent-Branzy, à Creuzier-le-Vieux, Allier.
Dupuis (Louis) et fam., d'Arras, à Moulins, Allier.
Duquenne (Henri), de Rouvroy Nouméa, à Saint-Etienne, Loire.
Duquesnoy et enf., de l'Abbé, à Ciboure, Basses-Pyrénées.
Duquesne (Julie) et enf., de Vermelles, à Bost, Allier.
Duquesnoy (Jules) et enf., de Liévin, à Dardat-Larequille, Allier.
Duquesnoy (Louise) et enf., d'Auchy-les-la-Bassée, à Rongères, Allier.
Duquesnoy (Marie) et enf., d'Harnes, à Sanssat, Allier.
Duquesnoy (Victoria) et enf., de Liévin, à Montluçon, Allier.
Durand (Aglaé) et enf., de Loos-en-Gohelle, à Tarbes, Hautes-Pyrénées.
Durand (Marcel), d'Arras, à Mondoubleau, Loir-et-Cher.
Durand (Maria) et enf., de Liévin, à Tarbes, Hautes-Pyrénées.
Duriez (Georgette), et sœur, de Billy-Montigny, à Varennes-s.-Allier, Allier.
Duriez (Marie) et enf., de Mazingarbe, à la Petite-Marche, Allier.
Duriez (Marie), de Billy-Montigny, à Varennes-sur-Allier, Allier.
Duriez (Moldinie), de Lillers, à Montluçon, Allier.
Durin (Georges) et fam., de Grenay, à Bezenet, Allier.
Durin (Madeleine), de Bully-Grenay, à Châtillon, Allier.
Durin (Odette), de Bully-Grenay, à Châtillon, Allier.
Durre (Octavie), de Sallaumines, à Mayet-de-Montagne, Allier.
Durtein (Marie), d'Arras, à Gannat, Allier.
Duruy (Arthur) et fam., d'Avion, à Saint-Félix, Allier.
Dusquenne (Emilie), de Lens, à La Rochelle, Charente-Inférieure.
Dussart (Eglantine), de Billy-Montigny, à Orthez, Basses-Pyrénées.
Dussart (Etienne), de Billy-Montigny, à Orthez, Basses-Pyrénées.
Dussart (Gaetan), de Billy-Montigny, à Orthez, Basses-Pyrénées.
Dussart (Henri), de Billy-Montigny, à Orthez, Basses-Pyrénées.
Dussart (Louis), de Billy-Montigny, à Orthez, Basses-Pyrénées.
Dussart (Louis), de Billy-Montigny, à Orthez, Basses-Pyrénées.
Dussart (Marie), de Billy-Montigny, à Orthez, Basses-Pyrénées.
Dussart (Rosalie), de Billy-Montigny, à Orthez, Basses-Pyrénées.
Dussart (Sophie), de Billy-Montigny, à Orthez, Basses-Pyrénées.
Dussausoy (Virginie) et enf., de Lens, à Sanssat, Allier.
Duval (Valentin), de Calonne-Licoin, à Tarbes, Hautes-Pyrénées.
Echerin (Philomène) et enf., d'Harnes, à Mayet-de-Montagne, Allier.
Edouard et enf., de Vimy, à Montluçon, Allier.
Elise (Charles) et enf., de Meurchin, à Montceau-les-Mines, Saône-et-Loire.
Empain (Edouard) et fam., de Cousolre, à Louroux-de-Bouble, Allier.
Epernon (François) et fam., d'Arras, à Varennes-sur-Allier, Allier.

Epernon (Julie) et enf., d'Arras, à Gosset, Allier.
Erouart (Catherine), de Vendin-le-Vieil, à Montluçon, Allier.
Estadieu (Marie), de Billy-Montigny, à Commentry, Allier.
Estieux (Félicie) et enf., de Mazingarbe, à la Petite-Marche, Allier.
Evrard (Cléophase) et enf., de Sallaumines, à Montauban, Tarn-et-G.
Faivre (Charles), de Drocourt, à Saint-Etienne, Loire.
Falempin (Léonce) et fam., d'Arras, à Nades, Allier.
Fanion (Charles) et sœur, de Méricourt-Corin, à Boucé, Allier.
Fannes (Pétrus), de Billy-Montigny, à Saint-Etienne, Loire.
Fatoux (Théodosine), de Lens, à Lachapelaude, Allier.
Faucon (Louis), d'Arras, à Varennes-sur-Allier, Allier.
Faugloire (Victoria), de Wingles, à Grignols, Gironde.
Fanix (Adolphe), de Billy-Montigny, à Orthez, Basses-Pyrénées.
Faula (Blanche), de Billy-Montigny, à Orthez, Basses-Pyrénées.
Fauquet (Victoria) et enf., d'Arras, à Hauterive, Allier.
Fauvergne (Adolphe), de Liévin, à Leprugne, Allier.
Fauvergue (Victorine), et enf., de Liévin, à Mayet-de-Montagne, Allier.
Faux (Léon) et enf., de Liévin, à Montceau-les-Mines, Saône-et-Loire.
Ferdinand (Jules) et fam., d'Arras, à Sussat, Allier.
Ferlin (Suzanne), d'Arras, à Biarritz, Basses-Pyrénées.
Ferraton (Gabrielle), et enf., de Liévin, à Coquet-Lyonne, Allier.
Ferret (Emile), de Montreuil-sur-Mer, à Lecombery, Basses-Pyrénées.
Ferrier (J.-B.), d'Eun-Maisnaison, à Salon, Dordogne.
Fibury (Marie), de Lens, à Puvou, Basses-Pyrénées.
Fiède (Georges) et enf., de Douvrin, à Montluçon, Allier.
Fieliagart (Alline) et enf., de Lens, à Montluçon, Allier.
Fièvre (Marie), de Douvrin, à Saint-Jean-de-Luz, Basses-Pyrénées.
Fiévet (Alphonsine) et fam., de Mazingarbe, à la Petite-Marche, Allier.
Fiévet (Joseph), et enf., de Liévin, à Marirat, Allier.
Fiévet (Joseph), de Liévin, à Francou, Basses-Pyrénées.
Fiévet (Louise-Marie) et enf., de Liévin, à vollehes, Allier.
Finet (Emile) et enf., de Vermelles, à Saint-Fargeol, Allier.
Flamant (Charles) et enf., d'Arras, à Hauterive, Allier.
Flamme (Angèle), de Liévin, à Arcangoes, Basses-Pyrénées.
Flanderin (Virginie), d'Hénin-Liétard, à St-Gérand-du-Puy, Allier.
Fleury (Alphonse), de Montreuil, à Saint-Palais, Basses-Pyrénées.
Flouquart (Denis), de Wimille, à Bidart, Basses-Pyrénées.
Flouquart (Elisa) et enf., de Wimille, à Bidart, Basses-Pyrénées.
Flouquart (Eugène), de Wimille, à Bidart, Basses-Pyrénées.
Flouquart (...), de Wimille, à Bidart, Basses-Pyrénées.
Flouquart (...), Basses-Pyrénées.
Flouquart (Olympe), de Wimille, ...
Flouquart (Philomène), de Douvrin, à Cechy ...
Flouzat (Annette), de Boulogne, à Poizy, Allier.
Focquet (Jean-Baptiste), d'Arras, à Montauban ...
Fontaine (Angèle) et enf., de Douvrin, à Vichy, Allier.
Fontaine (Germain), et frère, de Rouvroy, à Cusset, Allier.
Fontaine (Louis), de Liévin, à Montluçon, Allier.
Fontaine (Marianne) et enf., de Fouquières ..., à Mayet-de-Montagne...
Fontaine (Mme), et enf., d'Hénin-Liétard, à Moulins, Allier.
Fossier (Gabrielle) et enf., d'Arras, à Quissaines, Allier.
Fouaches (Jules) et enf., de Brebières, à Bizeneuille, Allier.
Foucard (Alcide), d'Arras, à Premilhat, Allier.
Foucart (Victor), de Billy-Montigny, à Montluçon, Allier.
Foucqueur (Charles), d'Avion, à Montluçon, Allier.
Fouque (Angélique) et enf., d'Archicourt-les-Arras, à Barberier, Allier.
Fourneau (Elisa), et enf., d'Arras, de Deneuille-les-Mines, Allier.
Fournier (Florine), de Liévin, à Montluçon, Allier.
Fournier (Gustave), de Woincourt, à Teirey-Controt-St-Léger ...
Fournier (Paluce), de Liévin, à Montluçon, Allier.
Fournier (Philigone) et enf., de Billy-Montigny, à Montluçon, Allier.
Fournier (Philigone) et enf., de Billy-Montigny, à Desertines, Allier.
Fourret (Victoria), d'Hénin-Liétard, à Varennes-sur-Allier, Allier.
François (Emile), d'Arras, à Mayet-d'Ecole, Allier.
François (Emile), d'Arras, à Gannat, Allier.
François (Flore), d'Hénin-Liétard, à Périgny, Allier.
François (Jeanne) et enf., d'Arras, à Desertines, Allier.
François (Jules) et enf., de Lens, à Montceau-les-Mines, Saône-et-Loire.
François (Norbert) et fam., d'Hénin-Liétard, à Boucé, Allier.
Franconnet (Henri), de Liévin, à Châtillon, Allier.
Franconnet (Léon), de Liévin, à Châtillon, Allier.
Franconnet (Raymonde), de Liévin, à Châtillon, Allier.
Fremery (Marcel), de Montigny, à Montluçon, Allier.
Fremy (Klébert), d'Hénin-Liétard, à Montceau-les-Mines, Saône-et-Loire.
Frère (Sébastien) et fam., de Loos, à Gros, Hautes-Pyrénées.
Frère (Yves), d'Hénin-Liétard, à Montceau-les-Mines, Saône-et-Loire.
Fréville (Robert), de Sallaumines, à Dardat-Larequille, Allier.
Frévillers (Alfred) et fam., de Berck-sur-Mer, à Bordeaux, Gironde.
Fruchart (Amélie) et enf., de Fouquières-les-Lens, à Treignat, Allier.
Gabelles (Maria), d'Arras, à Bizeneuille, Allier.
Gacquer (Fortuné), de Frevent, à ..., Dordogne.

Gaffet (Pauline) et enf., de Sallaumines, à Vichy, Allier.
Gaffet (Zélie) et enf., d'Arras, à Echassières, Allier.
Gaillet (Julia) et enf., de Méricourt, à Sainte-Thérence, Allier.
Galant (Marie), de Calonne-Liévin, à Séméac, Hautes-Pyrénées.
Gallant (Victor), de Saint-Omer, à Corbeil, Seine-et-Oise.
Gallet (Arthur) et enf., de St-Laurent-Blangy, à Saint-Angel, Allier.
Gallet (Marie) et enf., de Cuinchy, à Vichy, Allier.
Gallon (Élie), de Liévin, à Arcizac-Adour, Hautes-Pyrénées.
Gallon (Hélène) et enf., de Liévin, à Arcizac-Adour, Hautes-Pyrénées.
Galvaire (Henri), de Liévin, à Ibos, Hautes-Pyrénées.
Gambier (Adolphine), de St-Laurent-Blangy, à Commentry, Allier.
Gamord (Germaine), de Fouquières-les-Lens, à Mayet-de-Mont., Allier
Gardinal (Pierre), de Liévin, à Montignac, Hautes-Pyrénées.
Garnier (Albertine) et fam., de Noyelle-les-Vermelles, à Treignat, Allier.
Gaspard (Julia) et enf., d'Hénin-Liétard, à Bordères-s.-l'Echez, H.-Pyrén.
Gaudat (Céline), de St-Nicolas-les-Arras, à Commentry, Allier.
Gaudfrey (Charles), d'Arras, à Rouen, Seine-Inférieure.
Gauthier (Augustin), de Colonne-Liévin, à St-Etienne, Loire.
Gavelle (Nestor), d'Hénin-Liétard, à Rouen, Seine-Inférieure.
Gay (Henri), de Grenay, à Aureilhan, Hautes-Pyrénées.
Genetet (Aimée) et enf., de Noyelles-les-Lens, à Bezenet, Allier.
Gerbaud (Adeline), de Sallaumines, à St-Priest-d'Andelot, Allier.
Gerbier (Aimé) et enf., de Douvrin, à Montaigut-le-Blain, Allier.
Giboux (Georges) et enf., de Méricourt, à Cusset, Allier.
Giély (Alexandre), d'Amblainville, à Saumeray, Eure-et-Loir.
Gilbert (Camille) et enf., de Billy-Montigny, à Montluçon, Allier.
Gilbert (Marcel), de Billy-Montigny, à Durdat-Larequille, Allier.
Gilet (Louis), d'Arras, à Montluçon, Allier.
Gillette (Marie) et enf., de Montigny-en-Gohelle, à Ste-Thérence, Allier.
Gindro (Angelo) et enf., de Rouvroy, à Montvicq, Allier.
Girard (Marie) et enf., de Drocourt, à Cognat-Lyonne, Allier.
Gland (Laurence) et enf., de Sallaumines, à Verneix, Allier.
Gobert (Juliette) et enf., de Tilloy-les-Mofflaines, à Espinasse-Vozelles, Allier.
Godard (Angélina), de St-Laurent-Blangy, à Saint-Angel, Allier.
Goffroy (Uranie) et enf., d'Avion, à Montluçon, Allier.
Gognaux (Honoré) et enf., de Rouvroy, à Montceau-les-Mines, S.-et-Loire.
Goguillon (André), de Billy-Montigny, à Moulins, Allier.
Goguillon (Arthur), de Drocourt, à Creuzier-le-Vieux, Allier.
Goguillon (Mme) et enf., de Méricourt-sous-Lens, à Moulins, Attier.
Gonieau (Marguerite), de Calais, à La Rochelle, Charente-Inférieure.
Gonthier (Marius) et fam., de Mazingarbe, à Treyol, Allier.
Gonzalès (Ragalia) et fam., de Lens, à Vichy, Allier.
Gosse (Henriette), de Lens, à Lachapelande, Allier.
Gosse (Jean-Baptiste), de Bruay, à Urcuit, Basses-Pyrénées.
Gosse (Rosa), de Vendin-le-Vieil, à Créchy, Allier.
Gosselin (Martin), de Liévin, à Commentry, Allier.
Gottraud (Ambroise), de Mazingarbe, à Mazirat, Allier.
Goubet, d'Arras, à Rouen, Seine-Inférieure.
Goubet (Augustine) et enf., de St-Laurent-Arras, à Ussel-d'Allier, Allier.
Goubet (Désiré), d'Arras, à Rouen, Seine-Inférieure.
Goubet (Sophie), de Boyelles, à Moulins, Allier.
Goudemand (Léocadie) et enf., d'Arras, à Ferrières-s.-Sichon, Allier.
Goudenhooft (Abdon), de Lens, à Rouen, Seine-Inférieure.
Gouilleux (Yrénée), de Lens, à Lachapelande, Allier.
Gracourt (Gabriel), d'Arras, à Montluçon, Allier.
Grandamme (Const.), de Fouquières-Lens, à La Bastide-Clairence, B. P.
Grard (Alphonsine) et enf., d'Arras, à Louroux-de-Bouble, Allier.
Grard (Augusta), de Lens, à St-Jean-de-Luz, Basses-Pyrénées.
Grard (Emile), de Lens, à St-Jean-de-Luz, Basses-Pyrénées.
Grard (Israël) et enf., de Wingles, à Cusset, Allier.
Gras (Elise), d'Agny, à Monestier, Allier.
Gratpanche (Gaston), d'Harnes, à Montoldre, Allier.
Gratepanche (Louise) et fam., de Liévin, à Terjat, Allier.
Grebert (Aimé), de Croisilles, à Commentry, Allier.
Griselain (Louis) et ép., d'Harnes, de Ste-Thérence, Allier.
Grodecœur (Henri), d'Arras, à Rouen, Seine-Inférieure.
Grognet (Louis), de Lens, à Puyoo, Basses-Pyrénées.
Grognet (Madeleine), de Lens, à Puyoo, Basses-Pyrénées.
Grosselin (Martin), de Liévin, à Montluçon, Allier.
Grossemy (Amand), de Wingles, à Montceau-les-Mines, Saône-et-Loire.
Grossemy (Berthe), de Wingles, à Monein, Basses-Pyrénées.
Grossemy (Eleuthère) et enf., de Wingles, à Monein, Basses-Pyrénées.
Grossemy (Germaine), de Wingles, à Monein, Basses-Pyrénées.
Grossemy (Maria) et enf., de Wingles, à Monein, Basses-Pyrénées.
Grossemy (Mathilde) et enf., de Wingles, à Monein, Basses-Pyrénées.
Gruel (Gabriel), de Ficheux, à Montagny-les-Buxy, Saône-et-Loire.
Gruel (Ovide), de Ficheux, à Montagny-les-Buxy, Saône-et-Loire.
Gruny (Zélie), d'Arras, à Brout-Vernet, Allier.
Gruson (Julienne), de Relincourt, à Hasparren, Basses-Pyrénées.
Guéant (Benjamine) et fam., d'Arras, à Mayet-d'Ecole, Allier.
Guenard (Fernand), d'Arras, à Rouen, Seine-Inférieure.

Gueneutte (Jules), de Carvin, à Montauban, Tarn-et-Garonne.
Guerlet (Marie), d'Arras, à Jenzat, Allier.
Guesnot (Emile), de Vendin-le-Vieil, à Chartres, Eure-et-Loir.
Guffroy (Louise), d'Hénin-Liétard, à Marcillat, Allier.
Guffroy (Marie) et enf., d'Eleu, à Cindré, Allier.
Guilbaut (Marie), de Courrières, à Gannat, Allier.
Guilbert (Joseph) et fam., de Liévin, à Gratens, Haute-Garonne.
Guilbert (Marie) et enf., de Drocourt, à Creuzier-le-Vieux, Allier.
Guillaumin (Marie), de Liévin, à Saint-Hilaire, Allier.
Guillemard (Philomène), de Grenay, à Malicorne, Allier.
Guillet (Eugène) et ép., de Dourges, à Domérat, Allier.
Guillet (Marie), de Liévin, à Châtillon, Allier.
Guimalt (Germaine) et enf., d'Arras, à Rongères, Allier.
Guislain (Jean-Baptiste), de Sallaumines, à Bailleau-l'Evêque, Eure-et-L.
Guyot (François) et fam., d'Avion, à Montvicq, Allier.
Habasie (Alcindor), de Liévin, à Rouen, Seine-Inférieure.
Haccart (Léon), d'Ablain-St-Nazaire, à Creuzier-le-Neuf, Allier.
Hainaut (Clarisse) et enf., de Lens, à Cusset, Allier.
Halliez (Pauline) et enf., de Rouvroy, à Varennes-sur-Allier, Allier.
Halluin (Marie) et enf., de Loos-en-Gohelle, à Bordères-sur-l'Echez, B.-Pyr.
Hanne (Sophie) et enf., de Liévin, à Durdat-Larequille, Allier.
Hanot (Suzanne) et sœur, d'Arras, à Louroux-de-Bouble, Allier.
Hanot (Zulma) et enf., de St-Sauveur-Arras, à Chirat-l'Eglise, Allier.
Hanton, Angustin, d'Hénin-Liétard, à Saint-Etienne, Loire.
Haquet (Florimond), de Boulogne-sur-Mer, à Beyrie-St-Palais, B.-Pyrénées.
Hardelain (J.-B.) et fam., d'Arras, à Nizerolles, Allier.
Hardelin (Joséphine) et enf., d'Arras, à Mayet-de-Montagne, Allier.
Harlé (Lucien), d'Isbergues, à Roanne, Loire.
Hernetiaux (Emile) et fam., de Lens, à Sainte-Thérence, Allier.
Harf (Léonie) et enf., de Lens, à Treignat, Allier.
Hattart (Marthe), de Vermelles, à Urt, Basses-Pyrénées.
Hault (Jeanne) et enf., de la Bassée, à Varennes-sur-Allier, Allier.
Haury (Joseph), d'Arras, à Prémilhat, Allier.
Haussin (Emile), de Liévin, à Montceau-les-Mines, Saône-et-Loire.
Haussin (Henri), de Liévin, à Montceau-les-Mines, Saône-et-Loire.
Havet (Léon) et fam., de Billy-Montigny, à Montmarault, Allier.
Havez (Auguste), de Carvin, à Lapalisse, Allier.
Hay (Mme) et enf., de Fouquières-les-Lens, à La Celle, Allier.
Hayez (Henri) et enf., de Liévin, à Montceau-les-Mines, Saône-et-Loire.
Hayez (Marie) et enf., de Rouvroy-Nouméa, à Cusset, Allier.
Hector (Sidonie), d'Arras, à Chirat-l'Eglise, Allier.
Hélart (Louis), de Rouvroy, à Sanssat, Allier.
Helle (Nicolas), de Lens, à Montluçon, Allier.
Henaut (Dylie) et enf., de Fouquières-les-Lens, à Montauban, T.-et-Garonne.
Hénaux (Victoire), de Billy-Montigny, de Créchy, Allier.
Henne (François), de Neuville-St-Vaast, à Souancé, Eure-et-Loir.
Henneau (Marcel), de Courcelles-les-Lens, à Périgny, Allier.
Hennebique (Albin), de Sailly-Ostrevent, à Vervant, Charente-Inférieure.
Hennebois (François), de Lens, à Biarritz, Basses-Pyrénées.
Henocque (Pierre) et enf., de Lens, à Montluçon, Allier.
Henton (Elise) et enf., de Rouvroy, à Marcillat, Allier.
Herfaut (Désiré), d'Arras, à Mouguerre, Basses-Pyrénées.
Herfaut (Fernand), d'Arras, à Mouguerre, Basses-Pyrénées.
Herfaut (Louise), d'Arras, de Mouguerre, Basses-Pyrénées.
Hermant (Céline), de Lens, à Lachapelande, Allier.
Hermant (Théodule) et fam., d'Arras, à Lalizolle, Allier.
Héroguelle (Alexandre), d'Arras, à Rouen, Seine-Inférieure.
Heymans (Pierre), de Sallaumines, à Saint-Etienne, Loire.
Hinaut (Vital), de Boulogne-sur-Mer, à Beyrie-St-Palais, Basses-Pyrénées.
Hincq (Charlemagne), de Lens, à Créchy, Allier.
Hochart (Gustave) et ép., de Méricourt, à Aurensan, Hautes-Pyrénées.
Hœhn (Victor) et fam., d'Arras, à Espinasse-Vozelles, Allier.
Hoël (Auguste) et fam., de Sains-en-Gohelle, à Montceau-les-Mines, S.-et-L.
Hofkens (Louise) et enf., de Méricourt-Coron, à Cognat-Lyonne, Allier.
Holle (Charles), d'Haisnes-la-Bassée, à La Rochelle, Charente-Inférieure.
Honguet (Louis) et fam., de Liévin, à Aurensan, Hautes-Pyrénées.
Hordé (Julienne), de Lens, à Varennes-sur-Allier, Allier.
Horlandynio (Aimé), de Fontaine-l'Etalon, à Uzeste, Gironde.
Hornez (Joséphine), de Lens, à Bordeaux, Gironde.
Hornez-Rigaut et enf., de Lens, à Bordeaux, Gironde.
Houbron (Irma), de Billy-Montigny, à Vichy, Allier.
Houdart (Emile), de Loos-en-Gohelle, à Terjat, Allier.
Hourier (Flore), d'Arras, à Bizeneuille, Allier.
Houriez (Geneviève) et enf., de Ficheux, à Montagny-les-Buay, S.-et-Loire.
Houyez (Victorine), de Saint-Laurent-Blanzy, à Gannat, Allier.
Houziaux (Bruno) et fam., d'Harnes, à Cindré, Allier.
Hoyos (Hector) et enf., de Billy-Montigny, à Montluçon, Allier.
Hugues (Amaranthe) et enf., de Sallaumines, à Ibos, Hautes-Pyrénées.
Humez (Adolphe) et enf., de Brebières, à Commentry, Allier.
Humez (Augustin) et enf., de Méricourt, à Varennes-sur-Allier, Allier.
Huplier (Amélie) et enf., de Fouquières-lez-Lens, à Treignat, Allier.

Huret (Alexandre), de Gavrelle, à Dangeau, Eure-et-Loir.
Hurher (Eugène), d'Arras, à Mondoubleau, Loir-et-Cher.
Hurleux (Anatole), de Montigny-en-Gohelle, à Mayet-de-Montagne, Allier.
Hurtrez (Céline) et enf., d'Auchy-La-Bassée, à Mayet-de-Montagne, Allier.
Hurtry (Théophile) et enf., de Chilley-La-Bassée, à Arronnes, Allier.
Hutin (Eugénie) et enf., de Liévin, à Sonnet, Allier.
Jacquart (Alice), de Noyelles-sous-Lens, à Arcangues, Basses-Pyrénées.
Jacquart (Alice), de Noyelles-sous-Lens, à Arcangues, Basses-Pyrénées.
Jacques (Noémie), de Rouvroy, à Montluçon, Allier.
Jacquet (Alexandre), et fam., de Grenay, à Châtillon, Allier.
Jacquet (Berthe) et enf., de Liévin, à Saint-Hilaire, Allier.
James (Fernande) et enf., d'Arras, à Sussat, Allier.
James (Marie-Louise) et enf., de Barlin, à Bezenet, Allier.
Jaspart (François) et fam., de Lens, à Tulle, Corrèze.
Jauréon (Élise), d'Avion, à Cazères, Haute-Garonne.
Jean (Clovis), d'Arras, à Montluçon, Allier.
Jeanjean (Omer), de Bois-Bernard, à Hendaye, Basses-Pyrénées.
Jésuprès (Oscar), de Rouvroy, à Verneix, Allier.
Joannet (Paul), de Liévin, à Villebret, Allier.
Jolie (Adèle) et enf., de Vermelles, à Bost, Allier.
Joly (Philomène) et enf., de Sallaumines, à Montauban, Tarn-et-Garonne.
Joly (Victor) et enf., de Béthune, à Arraute-Charritte, Basses-Pyrénées.
Jones (Gilberte) et enf., de Méricourt, à Monteignet-l'Andelot, Allier.
Jonkaer (Julien), de Lens, à Noyant, Allier.
Jorjon (Marie), d'Avion, à Cazères, Haute-Garonne.
Jouvenaux (Catherine) et enf., de Rouvroy, à Marcillat, Allier.
Jouvenaux (Victor), de Drocourt, à Noyant, Allier.
Juiseppe (Antoine), de Liévin, à . . . . , Allier.
Kloech (Jean) et ép., de Rouvroy, à Saussat, Allier.
Labalette (Blanche) et enf., de Sallaumines, à Saulzet, Allier.
Labalette (Mme), d'Arras, à Moulins, Allier.
Labalette (Mme), d'Arras, à Moulins, Allier.
Labille (Achille), d'Avion, à Sancheville, Eure-et-Loir.
Labille (Armance), d'Avion, à Sancheville, Eure-et-Loir.
Labille (Marie), d'Avion, à Sancheville, Eure-et-Loir.
Labille (Valentine), d'Avion, à Sancheville, Eure-et-Loir.
Labitle (Joseph) et fam., de Lens, à Trevol, Allier.
Labolette (Florimond), de Liévin, à Montluçon, Allier.
Lacaze (Rosalie) et enf., de Lens, à Billy, Allier.
Lachery (Marthe) et enf., de Lens, à la Celle, Allier.
Lachich (Julienne), d'Arras, à Brout-Vernet, Allier.
Ladiche (Victoria) et enf., d'Arras, à Brout-Vernet, Allier.
Lacourte (Ganny), de Liévin, à Montluçon, Allier.
Lacquement (Henri) et ép., d'Hénin-Liétard, à Plaisance, Haute-Garonne.
Lacquement (Maria), d'Hénin-Liétard, à Plaisance, Haute-Garonne.
Ladant (Alexis), d'Hénin-Liétard, à Billy, Allier.
Ladant (Marie-Louise) et enf., d'Hénin-Liétard, à Billy, Allier.
Laderrière (François) et enf., d'Hénin-Liétard, à Longjumeau, Seine-et-Oise.
Laine (Eugène), d'Arras, à Montluçon, Allier.
Lalisnousienne (Catherine) et enf., de Liévin, à Montluçon, Allier.
Lallart (Dorothée), de Rouvroy, à Seuillet, Allier.
Lablechère (J.-B.) et fam., de Maisnils-les-Ruitz, à Bourbon-l'Archambault, All.
Lalouse (Mme) et enf., de Lens, à Montluçon, Allier.
Laloux (Augustine), d'Arras, à Saint-Palais, Basses-Pyrénées.
Laloux (Céline), d'Hellou, à Cindré, Allier.
Laloux (Emilienne), d'Arras, à Saint-Palais, Basses-Pyrénées.
Laloux (Jeanne), d'Arras, à Saint-Palais, Basses-Pyrénées.
Laloux (Julianne), d'Arras, à Saint-Palais, Basses-Pyrénées.
Laloux (Mme) et enf., d'Arras, à Saint-Palais, Basses-Pyrénées.
Laloux (Yvonne), d'Arras, à Saint-Palais, Basses-Pyrénées.
Laly (Charles) et enf., d'Avion, à Maguet, Allier.
Lamalle (Françoise) et enf., de Fouquières-les-Lens, à Epinac-les-Mines, S.-et-L.
Lamant (François) et fam., de Rouvroy, à Ibos, Hautes-Pyrénées.
Lamarque (Léonie) et enf., de Barlin, à Bezenet, Allier.
Lambecq et fam., d'Arras, à Nizerolles, Allier.
Lambert (Augusta), de Liévin, à Saverdun, Ariège.
Lambert (Berthe), de Méricourt, à Tarbes, Hautes-Pyrénées.
Lamey (Pauline) et enf., de Liévin, à Montluçon, Allier.
Lamey (Pauline) et enf., de Liévin, à Durdat-Larequille, Allier.
Lamour (Mme), de Sallaumines, à Montluçon, Allier.
Lamouray (Anastasie) et enf., d'Avion, à Montluçon, Allier.
Lampin (Anaise) et enf., d'Hénin-Liétard, à Casnabet, Basses-Pyrénées.
Lampin (Jean-Baptiste), de Lens, à Ragolle, Basses-Pyrénées.
Lampin (Marcel), de Lens, à Pagolle, Basses-Pyrénées.
Lancelin (Marie) et enf., de Liévin, à Montluçon, Allier.
Lancelin (Mélina), d'Avion, à Montluçon, Allier.
Lançon (Louis) et fam., de Rouvroy, à Saussat, Allier.
Lançon (Paul), de Méricourt, à Mazirat, Allier.
Lancon (Paul), de Rouvroy, à Montluçon, Allier.
Lancry (Julien) et fam., de Vimy, à Naveil, Loir-et-Cher.
Landra (Albert) et enf., de Liévin, à Montluçon, Allier.

Lefebvre (Henri) et fam., d'Arras, à Ussel, Allier.
Lefebvre (J.-B.) et fam., de Lens, à Montceau-les-Mines, Saône-et-Loire.
Lefebvre (Louis), de Fleurbaix, à Périgueux, Dordogne.
Lefebvre (Mathilde), de Ficheux, à Montagny-les-Buxy, Saône-et-Loire.
Lefebvre (Mathilde), d'Arras, à Gannat, Allier.
Lefebvre (Maurice), de Ficheux, à Montagny-les-Buxy, Saône-et-Loire.
Lefève (Joséphine), de Liévin, à Créchy, Allier.
Lefèvre (Alphonse) et fam., d'Avion, à Saussat, Allier.
Lefèvre (Augustin) et enf., d'Arras, à Prémilhat, Allier.
Lefèvre (Léonie), d'Avion, à Montluçon, Allier.
Lefèvre (Louis), de Fouquières-les-Lens, à Vaux, Allier.
Lefèvre (Louis), et ép., de Pont-Faverger, à Moulins, Allier.
Lefèvre (Louise) et enf., de Sallaumines, à Chirat-l'Eglise, Allier.
Lefèvre (Marie) et enf., de Lens, à Montluçon, Allier.
Lefèvre (Marie) et enf., de Méricourt-sous-Lens, à Varennes, Allier.
Lefèvre (Noémie) et enf., d'Arras, à Deneuille-les-Mines, Allier.
Lefèvre-Sorriaux et enf., de Liévin, à Saint-Fargeol, Allier.
Lefetz (Aimé), de Sainte-Catherine, à Pontoise, Seine-et-Oise.
Lefetz (Alexandre), de Sainte-Catherine, à Pontoise, Seine-et-Oise.
Lefetz (François), de Sainte-Catherine, à Pontoise, Seine-et-Oise.
Lefetz (Virginie) et enf., de Sainte-Catherine, à Pontoise, Seine-et-Oise.
Lefon (Jules) et ép., d'Arras, à Coutansouze, Allier.
Lefranc (Jules), de Lambres-les-Douai, à Terjat, Allier.
Legland (Catherine), de Roclincourt, à Ourscellile, Hautes-Pyrénées.
Legland (Jean) et fam., de Rouvroy à Bezenet, Allier.
Legland (Pierre), de Méricourt-sous-Lens, à Mazirat, Allier.
Legrand (Angéline), de Liévin, à Varennes-sur-Allier, Allier.
Legrand (Camille) et enf., de Wingles, à Cusset, Allier.
Legrand (Clémentine), d'Arras, à Hauterive, Allier.
Legrand (Eugénie) et fam., de Nouméa, à Montluçon, Allier.
Legrand (François) et enf., de Saint-Laurent-Blangy, à Saint-Angel, Allier.
Legrand (Louis), de Croisilles, à Saint-Palais, Basses-Pyrénées.
Legrand (Marie) et enf., de Lens, à Montluçon, Allier.
Legros (Marie) et enf., de Rouvoy, à Treteau, Allier.
Legroux (Victorine), d'Arleux-la-Gohelle, à Souillet, Allier.
Legru (Emile), de Fouquières-les-Lens, à Saint-Etienne, Loire.
Leguiller (Marie), d'Arras, à Prémilhat, Allier.
Leksovvski (Stanislas) et enf., de Sallaumines, à Montceau-les-Mines, S.-et-L.
Leleu (Marie), de Liévin, à Durdat-Larequille, Allier.
Leleu (Marie) et enf., de Liévin, à Montluçon, Allier.
Lelieur (Marie) et enf., de Mirecourt, à Verneix, Allier.
Lelong (Adélaïde) et enf., de Givenchy-en-Gohelle, à Treteau, Allier.
Lelong (Augustine) et enf., de Douvrin, à Montluçon, Allier.
Lelong (François) et ép., de Givenchy-en-Gohelle, à Billy, Allier.
Lelong (Joseph) et fam., de Givenchy-en-Gohelle, à Treteau, Allier.
Lelong (Léa) et enf., de Douvrin, à Montluçon, Allier.
Lelong (Olga), de Douvrin, à Montluçon, Allier.
Lelong (René), de Douvrin, à Montluçon, Allier.
Lemaire (Jean-Baptiste) et fam., de Vimy, à Durdat-Larequille, Allier.
Lemaire (Clément) et ép., de Billy-Montigny, à Langy, Allier.
Lemaire (Clément) et ép., d'Hénin-Liétard, à Varennes-sur-Allier, Allier.
Lemaire (Emilia) et enf., de Loos, à Ronnet, Allier.
Lemaire (Marie), de Wingles, à Monein, Basses-Pyrénées.
Lemaire (Octave), de Liévin, à Tarbes, Hautes-Pyrénées.
Lemaire (Pierre), de Wingles, à Monein, Basses-Pyrénées.
Lemaire (Virginie) et enf., d'Arras, à Hauterive, Allier.
Lemaire (Mme) et enf., de Sallaumines, à Gannat, Allier.
Lemaître (Emile) et fam., de Noyelle-sous-Lens, à Monestier, Allier.
Lemay (Eugène), de Drocourt, à Varennes-sous-Allier, Allier.
Lemer (Ruphine) et fam., de Saint-Nicolas, à Bizeneuille, Allier.
Lemery (Colette), de Busné, à Montluçon, Allier.
Lemire (Edouard), de Sallaumines, à Montluçon, Allier.
Lemoine (Françoise) et enf., d'Arras, à Quinssaines, Allier.
Lenglos (Amédée) et enf., de Noyelle-sous-Lens, à Commentry, Allier.
Lengrand (Adrienne), d'Aire-sur-la-Lys, à Charbonnat, Saône-et-Loire.
Lengrand (Alexandre), d'Aire-sur-la-Lys, à Charbonnat, Saône-et-Loire.
Lengrand (Celina), d'Aire-sur-la-Lys, à Charbonnat, Saône-et-Loire.
Lenne (Edelphonse) et enf., d'Hénin-Liétard, à Châtelmontagne, Allier.
Lenne (H.) et sœurs, d'Hénin-Liétard, à Mayet-de-Montagne, Allier.
Léon (Marie), d'Arras, à Bessancourt, Seine-et-Oise.
Lepère (Albert), de Bailleul-Sir-Berthoult, à Commentry, Allier.
Lerique (Clotilde), de Douvrin, à Saint-Jean-de-Luz, Basses-Pyrénées.
Lerique (Jean-Baptiste), de Douvrin, à St-Jean-de-Luz, Basses-Pyrénées.
Lerique (Léon), de Douvrin, à St-Jean-de-Luz, Basses-Pyrénées.
Lerique (Louis), de Douvrin, à St-Jean-de-Luz, Basses-Pyrénées.
Lerique (Louise), de Douvrin, à St-Jean-de-Luz, Basses-Pyrénées.
Lerique (Marie), de Douvrin, à St-Jean-de-Luz, Basses-Pyrénées.
Lerique (Marie), de Douvrin, à St-Jean-de-Luz, Basses-Pyrénées.
Lerminiaux (Joseph) et enf., de Lens, à Grépiac, Haute-Garonne.
Leroux (Arsène), de Vendin-le-Vieil, à Anhaux, Basses-Pyrénées.
Leroux (Marcel), de Fouquières-les-Lens, à Aynhoac, Basses-Pyrénées.

Leroy (Abélard), de Noyelles-Godault, à Colombier, Allier.
Leroy (Adolphine) et enf., d'Hénin-Liétard, à Taxat-Senat, Allier.
Leroy (Alfred), d'Arras, à Prémilhat, Allier.
Leroy (Césarine) et enf., de Vimy, à Vichy, Allier.
Leroy (Elise) et enf., de Vimy, à Vichy, Allier.
Leroy (Emile), d'Hénin-Liétard, à Sare, Basses-Pyrénées.
Leroy (Emile), de Richebourg, à Néhian, Hérault.
Leroy (Jules) et fam., d'Arras, à Quinssaines, Allier.
Leroy (Maria) et enf., de Fouquières-les-Lens, à Laprugne, Allier.
Leroy (Marie) et enf., d'Hénin-Liétard, à Gannat, Allier.
Leroyr (Alfred), d'Arras, à Montluçon, Allier.
Lertienne (Eugène) et enf., de Vendin-le-Vieil, à Montluçon, Allier.
Lesage (Emeline) et enf., d'Arras, à Mayet-d'Ecole, Allier.
Lesage (Estelle) et enf., d'Arras, à Mayet-d'Ecole, Allier.
Lescant (Oscar), de Montigny-en-Gohelle, à l'Etelon, Allier.
Lescoux (Charles), de Meurchin, à Rouen, Seine-Inférieure.
Lesecq (Marcelle), de Montigny-en-Gohelle, à Desertines, Allier.
Lesir (Aug.) et fam., de Noyelles-s.-Lens, à la Chapelle-Montbrandeix, H.-V.
Lesire (Julie), d'Arras, à Cusset, Allier.
Lesne (Clément) et enf., de Lens, à Montceau-les-Mines, Saône-et-Loire.
Létienne (Juliette), de Sallaumines, à Arcangues, Basses-Pyrénées.
Létocart (Cyprien) et fam., de Liévin, à Creuzier-le-Vieux, Allier.
Letocart (Jeanne) et enf., de Saint-Laurent-Blangy, à Commentry, Allier.
Letot (Maria) et enf., de Sallaumines, à Montluçon, Allier.
Letts (Edmond), de Courcelles-sous-Lens, à Montluçon, Allier.
Leugrand (Paul), de Méricourt-sous-Lens, à Saint-Etienne-de-Vicq, Allier.
Leunel (Fernand), d'Arras, à Gannat, Allier.
Leureux (François) et fam., de Douvrin, à Vichy, Allier.
Leutremy (Jules), d'Harnes, à Mazirat, Allier.
Level (Henri), de Saint-Laurent-Blangy, à Saint-Angel, Allier.
Level (Maria), d'Agny, à Monestier, Allier.
Levellon (Sophie), de Mazingarbe, à la Petite-Marche, Allier.
Lévêque (Joseph) et enf., de Rouvroy, à Nades, Allier.
Lévêque-Prudier, de Lens, à Rouen, Seine-Inférieure.
Leverd (Henri), d'Hénin-Liétard, à Uhart-Mixe, Basses-Pyrénées.
Leviel (Charles), de Brebières, à Commentry, Allier.
Léviez (Jean), d'Arras, à Charbonnat, Saône-et-Loire.
Leysen (François), de Billy-Montigny, à Saint-Etienne, Loire.
Leysen (Philomène), de Billy-Montigny, à Saint-Etienne, Loire.
Lherbier (Cécile) et enf., d'Ablain-St-Nazaire, à Creuzier-le-Vieux, Allier.
Lherbier (Guislain) et enf., d'Ablain-St-Nazaire, à Creuzier-le-Neuf, Allier.
Lherbier (Jeanne) et enf., de Liévin, à Montluçon, Allier.
Lherbier (Louise), de Lens, à Urdès, Basses-Pyrénées.
Liber (Julia), de Wancourt, à Beaune, Allier.
Libret (Mathilde) et enf., de Montigny-en-Gohelle, à Montluçon, Allier.
Liégeois (Firmin) et enf., de Montigny-en-Gohelle, à Montluçon, Allier.
Liénard (Jules) et fam., de Lens, à Montluçon, Allier.
Lieutenant (Maria), de Lens, à Montluçon, Allier.
Liévin (Angèle), de Billy-Montigny, à Langy, Allier.
Liévin (Mme), de Billy-Montigny, à Varennes-sur-Allier, Allier.
Lignis (François) et enf., d'Arras, à Montluçon, Allier.
Lignier (Pierre), de Lens, à Jatxou, Basses-Pyrénées.
Lingrand (Virginie) et enf., de Rouvroy-Nouméa, à la Celle, Allier.
Lobe (André) et enf., de Liévin, à Vichy, Allier.
Lobry (Edouard) et enf., de Brebières, à Creuzier-le-Vieux, Allier.
Locoche (Julie) et enf., de Saint-Laurent-Blangy, à Beaune, Allier.
Lœil (Alfred) et fam., d'Harnes, à Cindré, Allier.
Lœil (François) et enf., de Noyelles-Godault, à Montceau-les-Mines, S.-et-L.
Lœuillette (Albert) et enf., d'Annay, à Montluçon, Allier.
Lœuillette (Léonie) et enf., d'Annay-sous-Lens, à Montluçon, Allier.
Loizy (Adolphine), d'Arras, à Barberier, Allier.
Lomprey (Hippolyte) et fam., de Montigny-en-Gohelle, à Grignols, Gironde.
Longrand (Paul), de Méricourt-sous-Lens, à Saint-Christophe, Allier.
Loquet (Clotilde) et enf., de Bois-Bernard, à Tréteau, Allier.
Lorat (Clément), de Saint-Pol, à Naves, Allier.
Lorio (Denis), d'Arras, à Prémilhat, Allier.
Loriot (Eugénie) et fam., de Sallaumines, à Cusset, Allier.
Lorthiors (Ernest) et enf., de Pont-à-Vendin, à Montluçon, Allier.
Lorthiors (Ernest) et fam., de Pont-à-Vendin, à Montluçon, Allier.
Losson (Henri), de Montreuil, à Sare, Basses-Pyrénées.
Louis (Augustine), de Montigny-en-Gohelle, à Nizerolles, Allier.
Louis (Frédéric) et enf., de Méricourt-Village, à Ronnet, Allier.
Louis (Maria), d'Arras, à Nizerolles, Allier.
Lourdelle (Flore) et enf., d'Ervilliers, à Creuzier-le-Vieux, Allier.
Louvet (Maria) et enf., de Mazingarbe, à Saulzet, Allier.
Loviny (Camille), d'Arras, à Prémilhat, Allier.
Loy (Suzanne), de Lens, à la Celle, Allier.
Loyez (Henri) et enf., de Lens, à Monceau-les-Mines, Saône-et-Loire.
Loyez (Mme) et enf., d'Hénin-Liétard, à Varennes-sur-Allier, Allier.
Lucas (Joseph) et enf., de Courrières, à Montceau-les-Mines, Saône-et-L.
Lucas (Pauline), de Rouvroy, à Montceau-les-Mines, Saône-et-Loire.

Lumbat (Pierre) et ép., de Lens, à Boucé, Allier.
Mabésoone (Roberte), de Lens, à Castillon, Basses-Pyrénées.
Macelet (Narcisse), d'Arras, à Bizeneuille, Allier.
Machu (Ernestine), d'Hulluch, à Saint-Jean-de-Luz, Basses-Pyrénées.
Machu (Laurent), d'Hulluch, à Saint-Jean-de-Luz, Basses-Pyrénées.
Machu (Laurence), d'Hulluch, à Saint-Jean-de-Luz, Basses-Pyrénées.
Machu (Marthe), d'Hulluch, à Saint-Jean-de-Luz, Basses-Pyrénées.
Madelin (Alfred) et fam., d'Arras, à Nassigny, Allier.
Madorel (Henriette), de Méricourt, à Treignat, Allier.
Magaz (Isidore) et fam., de Liévin, à Vichy, Allier.
Magnier (Elise), de Neuville-Vitas, à Commentry, Allier.
Magniez (François), de Liévin, à Montceau-les-Mines, Saône-et-Loire.
Mahieu (Amédé) et enf., de Drocourt, à Montluçon, Allier.
Mahieu (Jules), de Lens, à Montluçon, Allier.
Mahieu (Henri), de Lens, à Montluçon, Allier.
Mahieux (Alphonsine) et enf., d'Arras, à Deneuille-les-Mines, Allier.
Mahieux (Jeanne), d'Arras, à Montluçon, Allier.
Mahieux, d'Arras, à Montluçon, Allier.
Mahriez (Jeanne), de Lens, à Ferrières-sur-Sichon, Allier.
Maille (Clovis), de Meurchin, à Villefranque, Basses-Pyrénées.
Maillet (Joseph), d'Avion, à la Petite-Marche, Allier.
Mailliez (Marina) et enf., de Lens, à Montluçon, Allier.
Mainsart (Julie) et enf., d'Arras, à Chirat-l'Eglise, Allier.
Malbranque (Denise) et enf., d'Arras, à Brout-Vernet, Allier.
Malbranque (Renée) et enf., d'Arras, à Brout-Vernet, Allier.
Malézieux (Florent) et enf., d'Angres, à Varennes-sur-Allier, Allier.
Malézieux (Madeleine), de Liévin, à Varennes-sur-Allier, Allier.
Malice (Charles), d'Hénin-Liétard, à Montluçon, Allier.
Mallet (Berthe) et enf., de Liévin, à Bézenet, Allier.
Mallet (François) et fam., de Liévin, à Bézenet, Allier.
Mancier (Joséphine), de Sallaumines, à Vaux, Allier.
Manemesse (Arthur), de Liévin, à Montluçon, Allier.
Mangematin (Rémy) et enf., d'Harnes, à Saussat, Allier.
Maniez (Célestine) et enf., de Grenay, à Laloubère, Hautes-Pyrénées.
Mantau (Joséphine, d'Arras, à Montluçon, Allier.
Mantou (Elodie), d'Arras, à Montluçon, Allier.
Manuel (Gabriel) et enf., d'Arras, à Echassières, Allier.
Marbaix (Emile), de Liévin, à Bordeaux, Gironde.
Marchand (Blanche) et enf., de St-Laurent-Blanzy, à Chareil-Cintrat, Allier.
Marchand (Eugène), de Méricourt-sous-Lens, à St-Christophe, Allier.
Marchand (Eugène), de Carvin, à St-Etienne-de-Vicq, Allier.
Marchand (Florent), de Montigny-en-Gobelle, à La Rochelle, Char.-Inf.
Marchand (Louis) et fam., d'Arras, à Montluçon, Allier.
Marchand (Mathildat) et enf., d'Arras, à Montluçon, Allier.
Marchand (Virginie), de St-Nicolas-Arras, à Bizeneuille, Allier.
Maréchal (Louis), de Mazingarbe, à Mazirat, Allier.
Marette (Constant), d'Arras, à Bordeaux, Gironde.
Marez (Alexandre) et fam., de Fouquières-les-Lens, à Marquefave, Hte-Gar.
Mariage (Arthur) et fam., de Courrières, à Noyant, Allier.
Marique (Marthe), d'Arras, à Prémilhat, Allier.
Marlière (Maria), de Billy-Montigny, à Boucé, Allier.
Marnat (Julie), de Wingles, à Cusset, Allier.
Marquette (Julie) et enf., d'Arras, à Nassigny, Allier.
Marquette (Marie) et enf., de Billy-Montigny, à Boucé, Allier.
Marquette (Rosa), d'Angres, à Commentry, Allier.
Marquis (Henriette) et enf., de Liévin, à Ronnet, Allier.
Marteau (Arthur), de Sallaumines, à Mazirat, Allier.
Martin (Arthur) et fam., d'Arras, à Naves, Allier.
Martin (Euphrasie), de Sallaumines, à Créchy, Allier.
Martin (François), d'Hulluch, à Saint-Jean-de-Luz, Basses-Pyrénées.
Martin (Laure), de St-Laurent-Blangy, à St-Angel, Allier.
Martin (Raymond), d'Hulluch, à St-Jean-de-Luz, Basses-Pyrénées.
Martinache (Angèle), d'Arras, à Gannat, Allier.
Marueno (Mariano) et fam., de Sallaumines, à Noyant, Allier.
Mary (Julie) et enf., d'Arras, à Quinssaines, Allier.
Masclef (Nelly) et enf., d'Arras, à Rongères, Allier.
Masclet (Eugénie), de Liévin, à Commentry, Allier.
Masclet (Léon), de Lens, à Montceau-les-Mines, Saône-et-Loire.
Maskef (Adèle) et enf., de Meurchin, à Creuzier-le-Vieux, Allier.
Massechelin (Julien), de Liévin, à Montluçon, Allier.
Massin (Jean-Baptiste) et enf., de Montigny-en-Gobelle, à Montluçon, Allier.
Mastain (Jean) et enf., de Courrières, à Montluçon, Allier.
Mastiar (Cornélie) et enf., d'Arras, à Charbonnat, Saône-et-Loire.
Mastin (Louis), de Courrières, à Montluçon, Allier.
Matay (François) et fam., de Grenay, à Séméac, Hautes-Pyrénées.
Mathe (Henriette) et enf., de Lens, à Montluçon, Allier.
Mathé (Moise) et enf., de Lens, à Lachapelaude, Allier.
Mathieu (Marie) et enf., de Bully-Grenay, à Mayet-de-Montagne, Allier.
Mathieu (Sophie), de St-Laurent-Blangy, à Gannat, Allier.
Mathieu (Théodore), d'Hénin-Liétard, à Vaux, Allier.
Mathieu (Théophile) et fam., de Liévin, à Montluçon, Allier.

Mathon (Sophie) et fam., d'Arras, à Gannat, Allier.
Mathorel (Marie) et enf., de Montigny-en-Gobelle, à St-Etienne, Loire.
Mathorel (Paul), de Montigny-en-Gobelle, à Saint-Etienne, Loire.
Mathorel (Pierre), de Montigny-en-Gobelle, à Saint-Etienne, Loire.
Maton (Juvénal) et enf., de Drocourt, à Créchy, Allier.
Matties (Louis) et fam., de Liévin, à Montluçon, Allier.
Mauduit (Olga) et enf., de Billy-Montigny, à Tarbes, Hautes-Pyrénées.
Mayens (Josephe), de Lens, à Saint-Etienne, Loire.
Mazure (Jean-Baptiste) et enf., de St-Laurent-Blangy, à Commentry, Allier.
Mazy (Auguste), de Courcelles-les-Lens, à Terjat, Allier.
Meesters (Julie de), de Loison-sous-Lens, à Commentry, Allier.
Mebay (Jeanne) et enf., de Sallaumines, à Terjat, Allier.
Melisse (Alphonsine), de Méricourt, à Cognat-Lyonne, Allier.
Menu (Julienne) et enf., de Lens, à Creuzier-le-Neuf, Allier.
Merchot (Marie) et enf., de Billy-Berclau, à Vichy, Allier.
Mercier (Jean) et fam., d'Harnes, à Vichy, Allier.
Mercier (Léonie) et enf., d'Avion, à Montluçon, Allier.
Mercier (Louise) et enf., d'Arras, à Mayet-de-Montagne, Allier.
Mercier (Olide) et fam., d'Avion, à Montluçon, Allier.
Méresse (Jean), de Pont-à-Vendin, à Sare, Basses-Pyrénées.
Mériaux (Alexand.) et enf., d'Hénin-Liétard, à Montceau-les-Mines,
Mériaux (Léon), de Sallaumines, à Commentry, Allier.
Mériaux (Raymonde), d'Hénin-Liétard, à Châtelmontagne, Allier.
Mérin (Léonie) et enf., de Violaines, à Varennes-sur-Allier, Allier.
Merlan (Alexandre), d'Arras, à Droitorier, Allier.
Mérlin (Marie) et enf., d'Angres, à Varennes-sur-Allier, Allier.
Merriaux (Léon), de Sallaumines, à Mazirat, Allier.
Mersie (Marie), de Courrières, à Gannat, Allier.
Méas (José) et fam., de Lens, à Vichy, Allier.
Mesnil (Fernand) et sœurs, d'Arras, à Gannat, Allier.
Meunier (Angèle), de Grenay, à Bordeaux, Gironde.
Maurice (Estelle), de Wingles, à Cusset, Allier.
Maurice (Raymond), de Vermelles, à Tarracq, Basses-Pyrénées.
Mauzelet (Jules) et enf., de Liévin, à Espelette, Basses-Pyrénées.
Meynecher (Joséphine) et enf., de Courcelles-Lens, à Creuzier-le-V.
Michel (Alfred) et enf., de Liévin, à Montauban, Haute-Garonne.
Michel (Arthur), de Fouquières-les-Lens, à Saint-Etienne, Loire.
Michel (Henri) et fam., de Billy-Montigny, à Montluçon, Allier.
Michel (Henri) et sœur et frère, de Courrières, à Gannat, Allier.
Miellot (Catherine) et enf., de Loison-sous-Lens, à Montauban, Haute-
Miellot (Pierre), de Loison-sous-Lens, à Montauban, Tarn-et-Garonne.
Mille (Aimée), de Sains-en-Gohelle, à Arthez, Basses-Pyrénées.
Mille (Charles), de Sains-en-Gohelle, à Arthez, Basses-Pyrénées.
Mille (Marie), de Sains-en-Gohelle, à Arthez, Basses-Pyrénées.
Mille (Venise), de Sains-en-Gohelle, à Arthez, Basses-Pyrénées.
Millet (Georges), d'Harnes, à Montaldie, Allier.
Milon (Marc), de Saint-Laurent-Blangy, à Montluçon, Allier.
Miloni (Georgina) et enf., d'Arras, à Johassures, Allier.
Milville (Adolphe) et enf., de Bully-Grenay, à Montceau-les-M.
Missael (Linnea) et fam., de Sallaumines, à Noyant, Allier.
Mpitrond (Marie-Louise), de Barlin, à Châtillon, Allier.
Mouedon (Amable) et fam., de Grenay, à Montvicq, Allier.
Monchecourt (Auguste), de Lens, à Biarritz, Basses-Pyrénées.
Monchecourt (Edouard), de Lens, à Biarritz, Basses-Pyrénées.
Monconyone (Jean) et fam., de Barlin, à Montvicq, Allier.
Moncouyoux (Germaine), de Barlin, à Bezenet, Allier.
Mondo (Joseph), de Givenchy, à Saint-Clément, Allier.
Moné (Louis) et enf., de Vendin-le-Vieil, à Moulins, Allier.
Monier (Eugénie) et enf., de Liévin, à Montluçon, Allier.
Monier (Léonie), de Saint-Laurent-Blangy, à Saint-Angel, Allier.
Montjoue (Victor) et enf., de Lens, à Monteaux, Corrèze.
Montagnier (Marcelle) et enf., de Grenay, à Bezenet, Allier.
Montaigne (Roger) et enf., de Lens, à Montluçon, Allier.
Montuelle (Alida), d'Avion, à Desertines, Allier.
Montuelle (Désiré), d'Hénin-Liétard, à Mazirat, Allier.
Monvoisin (Zoé) et enf., de Liévin, à Bordeaux-sur-l'Echet, Htes-Pyr.
Moreau (Marie), de Mazingarbe, à Verneix, Allier.
Morel (Alexandre) et enf., de Lens, à Aurensan, Hautes-Pyrénées.
Morel (Alphonsine), d'Arras, à Charbonnat, Saône-et-Loire.
Morel (Céline) et enf., de Grenay, à Momères, Hautes-Pyrénées.
Morel (François), de Wingles, à Grignols, Gironde.
Morel (Irma), d'Arras, à Rongères, Allier.
Morel (Léonie), d'Arras, à Bizeneuille, Allier.
Morel (Maria), et enf., d'Haisnes-lez-la-Bassée, à Grignols, Gironde.
Morelle (Emile), d'Hénin-Liétard, à Vaux, Allier.
Morès (Alois) et fam., d'Avion, à Montceau-les-Mines, Saône-et-Loire.
Moreur (Camille), d'Hénin-Liétard, à Cusset, Allier.
Moroy (Jules), de Lens, à Terjat, Allier.
Mortreux (Georges), de Lens, à Terjat, Allier.
Mortreux (Marceline) et enf., de Fouquières-les-Lens, à Vichy, Allier.
Mortreux (Mignonne) et enf., de Lens, à Montluçon, Allier.

Monchy (Jule) et enf., de Loos-en-Gohelle, à Barbazan-Debat, Hautes-Pyrén.
Monard (Marc), de Lens, à Méricourt, Allier.
Monard (Nathalie), de Drocourt, à Varennes-sur-Allier, Allier.
Monin (Émilie), d'Arras, à Désertines, Allier.
Monjon (Marie) et enf., d'Arras, à Doyet, Allier.
Mi[illegible] (Louis) et enf., d'Arras, à Échassières, Allier.
M[illegible] (Jean), d'Ognies, à Lapalisse, Allier.
M[illegible] (Noël) et son frère, de Billy-Montigny, à Montluçon, Allier.
M[illegible] et fam., de Liévin, à Espelette, Basses-Pyrénées.
M[illegible] (Adolphe), de Liévin, à Espelette, Basses-Pyrénées.
M[illegible] (Romain), d'Arras, à Gannat, Allier.
M[illegible] (Marie) et enf., de Liévin, à Montluçon, Allier.
M[illegible] (Henriette), de Sallaumines, à Montluçon, Allier.
M[illegible] et enf., d'Arras, à Lorges, Allier.
M[illegible] (Joséphine), d'Arras, à Gannat, Allier.
M[illegible] (Eugène), de Saint-Omer, à Commentry, Allier.
M[illegible] (Auguste), de Lens, à Puyoo, Basses-Pyrénées.
M[illegible] (Raymond), de Lens, à Séméac, Hautes-Pyrénées.
M[illegible] (Louis), de Camblain, à Béguios, Basses-Pyrénées.
M[illegible] (Théodore), de Camblain, à Béguios, Basses-Pyrénées.
M[illegible] (Marie) et enf., de Lens, à Creuzier-le-Neuf, Allier.
M[illegible] (Alfred), de Sallaumines, à Terjat, Allier.
M[illegible] (Neus) et enf., de Liévin, à Montluçon, Allier.
M[illegible] (François), d'Arras, à Ferrières-sur-Sichon, Allier.
M[illegible] (Louis), d'Arras, à Lavoine, Allier.
M[illegible] (Alexandre) et fam., de Drocourt, à Noyant, Allier.
M[illegible], d'Arras, à Chirat-l'Église, Allier.
M[illegible] (Marie), d'Arras, à Nassigny, Allier.
M[illegible] (Adèle), de Sallaumines, à Cusset, Allier.
M[illegible] (Charles) et enf., de Fouquières-les-Lens, à Montluçon, Allier.
M[illegible] (Victor), de Sallaumines, à Nourry, Basses-Pyrénées.
M[illegible] (Jules), de Fouquières-les-Lens, à Montluçon, Allier.
M[illegible], de Drocourt, à Arcelier-le-Vieux, Allier.
M[illegible], de Harnes, à Souitet, Allier.
M[illegible] et fam., d'Arras, à Hauterive, Allier.
M[illegible], de Maringarbe, à Varennes, Allier.
M[illegible] (Joséphine), de Liévin, à Borderes-sur-l'Echez, Hautes-Pyrén.
M[illegible], à Nassigny, Allier.
M[illegible] (Orpheline), à l'Abbaye-de-Sept-Fons, Allier.
M[illegible] (François) et enf., de Brebières, à Bizeneuille, Allier.
M[illegible], à Monestier, Allier.
M[illegible] (Augustine), d'Angres-Liévin, à Saint-Fargeol, Allier.
M[illegible], de Billy-Montigny, à Argenteuil, Seine-et-Oise.
M[illegible], de Montigny, à Espelette, Basses-Pyrénées.
M[illegible] (Marie) et enf., de Grenay, à Montluçon, Allier.
M[illegible], de Nourry, Basses-Pyrénées.
M[illegible] (Joséphine), d'Arras, à Chirat-l'Église, Allier.
M[illegible], à Dreuil, Seine-et-Oise.
M[illegible], à Saint-Étienne, Loire.
M[illegible] (Roger), de Sallaumines, à Bussières-les-Mines, Allier.
M[illegible] (Joseph), de Liévin, à Montluçon, Allier.
M[illegible], de Liévin, à Saint-Hilaire, Allier.
M[illegible] (Fidéline), de Fouquières-les-Mines, à Lachapelaude, Allier.
M[illegible] (Albert), de Meurchin, à Varennes-sur-Allier, Allier.
M[illegible] et enf., de Saint-Sauveur, à Chirat-l'Église, Allier.
M[illegible] (Auguste), de Harnes, à Gan, Basses-Pyrénées.
M[illegible] (Théodore), de Liévin, à Gan, Basses-Pyrénées.
M[illegible] et enf., d'Arras, à Mayet-de-Montagne, Allier.
M[illegible], de Méricourt, à Commentry, Allier.
M[illegible] (Marie), d'Arras, à Nassigny, Allier.
M[illegible] et fam., d'Avion, à Magnet, Allier.
M[illegible] (Mme) et enf., de Tilloy, à Moulins, Allier.
M[illegible], de Blanzy, à Gannat, Allier.
M[illegible] (Louis) et fam., à Marcillat, Allier.
M[illegible] (Euphrosine), d'Agny, aux Arcs, Var.
M[illegible] (Stéphanie), d'Agny, à Monestier, Allier.
Péronne (François), de Billy-Montigny, à Bézenet, Allier.
Perrichon (Anne), de Billy-Grenay, à Laloubère, Hautes-Pyrénées.
Perrichon (Louis) et enf., de Billy-Grenay, à Quinssaines, Allier.
Péru (Rose) et enf., de Sallaumines, à Vichy, Allier.
Petin-Nicolas et fam., de Loos-en-Gohelle, à Tarbes, Hautes-Pyrénées.
Petit (Élise), de Liévin, à La Rochelle, Charente-Inférieure.
Petit (Marie-Louise) et enf., d'Arras, à Mayet-de-Montagne, Allier.
Petit (Mme) et enf., d'Arras, à Varennes-sur-Allier, Allier.
Petillat (Marie) et enf., d'Avion, à Montvicq, Allier.
Petitjean (Léon) et fam., de Lens, à Fauga, Haute-Garonne.
Philippe (Alfred), de Puisieux, à Dangeau, Eure-et-Loir.
Pi[illegible] (Lucie), et enf., de Lens, à Marcillat, Allier.
Pi[illegible] (Isidore), et enf., de Harnes, à Montluçon, Allier.
Pi[illegible] (Francin) et enf., de Sallaumines, à Chamblet, Allier.
Pierpont (Alfred), d'Agny, à Sancheville, Eure-et-Loir.

Pierpont (Céline), d'Agny, à Sancheville, Eure-et-Loir.
Pierpont (Eugénie), d'Agny, à Sancheville, Eure-et-Loir.
Pierrain (Auguste), d'Hénin-Liétard, à Saint-Gérand-de-Puy, Allier.
Pierrepont (Suzanne) et enf., d'Arras, à Barberier, Allier.
Pieter (Jean), de Nielles, à Montluçon, Allier.
Pihen (Alfred), de Lens, à Montluçon, Allier.
Pihen (Létitia) et enf., de Calonne-Liévin, à Marcillat, Allier.
Pilot (Mathilde), de Douvrin, à Saint-Jean-de-Luz, Basses-Pyrénées.
Pilot-Delcroix (Honorine), de Douvrin, à Saint-Jean-de-Luz, Basses-Pyrénées.
Pilot-Delcroix (Louis), de Douvrin, à Saint-Jean-de-Luz, Basses-Pyrénées.
Pinchon (Émile), de Liévin, à Montluçon, Allier.
Pitoiset (Fanny), d'Arras, à Nassigny, Allier.
Place (Angélique) et enf., de Maringarbe, à Nassigny, Allier.
Place (Charlotte), de Fouquières-les-Lens, à Montauban, Tarn-et-Garonne.
Planquette (Henri) et fam., de Lorgies, à Cusset, Allier.
Plasmout (Céline) et enf., de Lens, à Saint-Priest-d'Andelot, Allier.
Plaitet (Françoise) et enf., d'Arras, à Montluçon, Allier.
Plouquet (Henriette), de Rouvroy, à Verneix, Allier.
Pluchart (Désiré), de Rouvroy, à Laprugne, Allier.
Plumecoque (Henri), d'Hénin-Liétard, à Taxat-Senat, Allier.
Pochet (Julie), d'Arras, à Bizeneuille, Allier.
Poire (Anatole) et fam., de Drocourt, à Cremier-le-Vieux, Allier.
Poirier (Joseph), de Lens, à Aureilhan, Hautes-Pyrénées.
Polle (Eugénie) et fam., d'Arras, à Naves, Allier.
Poquier (Adolphe) et fam., d'Hamelincourt, à Soues, Hautes-Pyrénées.
Porcheron (Berthe), d'Arras, à Lorgies, Allier.
Potel (Marie) et fam., de Liévin, à Borderes-sur-l'Echez, Hautes-Pyrénées.
Potier (Mme), de Rouvroy, à Moulins, Allier.
Pottier (Coralie) et enf., de Liévin, à Ibos, Hautes-Pyrénées.
Pottier (Justin) et fam., de Lens, à Montceau-les-Mines, Saône-et-Loire.
Pottier (Mme), d'Hénin-Liétard, à La Rochelle, Charente-Inférieure.
Pottiez (Charles), de Meurchin, à Bustince-Iriberry, Basses-Pyrénées.
Pottiez (Pierre), d'Évin-Malmaison, à Clermont-d'Excideuil, Dordogne.
Pottier (Rosalie), d'Hénin-Liétard, à Moulins, Allier.
Pouchain (Charles), d'Harnes, à Montceau-les-Mines, Saône-et-Loire.
Pouchart (Mme), de Liévin, à Lherm, Haute-Garonne.
Pouchel (Georges) et enf., de Liévin, à Montceau-les-Mines, Saône-et-Loire.
Pouillaud (Eugénie) et enf., de Wingles, à Cusset, Allier.
Poulain (Marie) et enf., d'Hénin-Liétard, à Montluçon, Allier.
Poulain (Sophie) et enf., de Sallaumines, à Montvicq, Allier.
Pourmand (Guillain), d'Agny, à Monestier, Allier.
Poutre (Émile) et enf., de Billy-Berclau, à Nizerolles, Allier.
Poutre (Oscar) et enf., de Billy-Buchold, à Mayet-de-Montagne, Allier.
Pradels (Antoine), d'Arras, à Gannat, Allier.
Prévost (Henri), de Carvin, à Montceau-les-Mines, Saône-et-Loire.
Prévot (François) et fam., de Lens, à St-Germain-en-Laye, Seine-et-Oise.
Pronier (Lucienne), d'Avion, à Montluçon, Allier.
Pronier (Marie) et fam., d'Avion, à Montluçon, Allier.
Pronnier (Louise) et enf., de Ficheux, à Montagny-lès-Buxy, Saône-et-L.
Pronnier (Marie) et enf., de Ficheux, à Vaux, Allier.
Pruneau (Eugène) et fam., de Lens, à Montceau-les-Mines, Saône-et-Loire.
Pruvost (Émile) et enf., de Billy-Montigny, à Billy, Allier.
Quebeu (Marius), de Liévin, à Jatxou, Basses-Pyrénées.
Quesnoy (Émile), de Lens, à Puyoo, Basses-Pyrénées.
Quéva (Albert), de Billy-Berclau, à Perdigat-Saint-Chamassy, Dordogne.
Quéva (Émile), de Billy-Berclau, à Hautefort, Dordogne.
Quevelisse (Louis), de Pont-à-Vendin, à Saint-Étienne, Loire.
Quévy (Mansuet) et fam., de Sallaumines, à Montceau-l.-Mines, Saône-et-L.
Raboutot (Jeanne) et enf., de Drocourt, à Bert, Allier.
Rambaud (Gustave), d'Auchy-la-Bassée, à Varennes-sur-Allier, Allier.
Rangognio (Adolphe), d'Hénin-Liétard, à Salies-de-Béarn, Basses-Pyrénées.
Rangognio (Henri), d'Hénin-Liétard, à Salies-de-Béarn, Basses-Pyrénées.
Rangognio (Lucienne), d'Hénin-Liétard, à Salies-de-Béarn, Basses-Pyrénées.
Rangognio (Yvonne), d'Hénin-Liétard, à Salies-de-Béarn, Basses-Pyrénées.
Rangognio (Louis), d'Hénin-Liétard, à Salies-de-Béarn, Basses-Pyrénées.
Raport (Léon) et fam., de Noyelle-Godault, à Montceau-les-Mines, S.-et-L.
Rappasse (Blanche) et enf., de Violaines, à Varennes-sur-Allier, Allier.
Rault (Émile), de Boulogne-sur-Mer, au Breuil, Allier.
Ravaux (Hippolyte), de Béthune, à Terrenoire, Loire.
Raviart (Julie) et fam., d'Hénin-Liétard, à Mayet-de-Montagne, Allier.
Raviard (Jacques), d'Hénin-Liétard, à Montcombroux, Allier.
Réant (Octavie), de Sallaumines, à Mayet-de-Montagne, Allier.
Reber (Henri), d'Arras, à Verneix, Allier.
Récat (Sidonie), d'Arras, à Gannat, Allier.
Regnier (Jean), d'Hénin-Liétard, à Vaux, Allier.
Regnier (Thérèse) et enf., de Lens, à Cognat-Lyonne, Allier.
Rémy (Rémi), d'Évin-Malmaison, à Périgny, Allier.
Renard (Anatole), de Sallaumines, à La Rochelle, Charente-Inférieure.
Renaud (Alfred) et fam., d'Arras, à Gannat, Allier.
Renaud (Constant) et enf., de Vendin-le-Vieil, à Mazirat, Allier.
Renaud (Marie), de Lens, à Lachepelaude, Allier.

Renaut (Prosper) et fam., d'Harnes, à Aureilhan, Hautes-Pyrénées.
Riavard (Octavie), d'Hénin-Liétard, à Châtelmontagne, Allier.
Richard (Marie) et enf., de Wancourt, à Mayet-de-Montagne, Allier.
Ricq (Léon), d'Hénin-Liétard, à Atur, Dordogne.
Rigaut (Edmond), de Lens, à Agnos, Basses-Pyrénées.
Rigaut (Ernest), de Lens, à Agnos, Basses-Pyrénées.
Rigaut (Marie) de Lens, à Agnos, Basses-Pyrénées.
Rigaut (Maurice), de Lens, à Agnos, Basses-Pyrénées.
Rignaut (Blanche), de Grenay, à Agnos, Basses-Pyrénées.
Ringeval (François) et ép., de Brebières, à Bizeneuille, Allier.
Ringeval (Jeanne), d'Arras, à Bizeneuille, Allier.
Riquier (Benjamin) et fam., de Frévent, à Ciboure, Basses-Pyrénées.
Riquier (Germain), de Frévent, à Ciboure, Basses-Pyrénées.
Robert (Adélaïde), de Vendin-le-Vieil, à Désertines, Allier.
Robert (Simon), de Sallaumines, à Bezons, Seine-et-Oise.
Robert (Victoria), d'Arras, à Bizeneuille, Allier.
Robert Lherbier (Mélanie) et enf., d'Angres, à Greuzier-le-Neuf, Allier.
Robillard (Clémence), d'Arras, à Bizeneuille, Allier.
Robinos (Joséphine) et enf., de Sallaumines, à Vichy, Allier.
Robitaille (Marie), d'Arras, à Vichy, Allier.
Robyns (Éloïse), d'Haisnes, à Cusset, Allier.
Roger (Henriette), de Liévin, à Rambouillet, Seine-et-Oise.
Roger (Clarisse) et enf., d'Arras, à Barberier, Allier.
Rogier (Léon), de Sallaumines, à Marseille, Bouches-du-Rhône.
Robart (Louis), de Carvin, à Lens, Basses-Pyrénées.
Robart (Louis), de Carvin, à Gous, Basses-Pyrénées.
Roland (Julia) et enf., de Drocourt, à Varennes-sur-Allier, Allier.
Romain (Armand), de Lens, à Lapalisse, Allier.
Roman (Jean), d'Avion, à Montluçon, Allier.
Romain (François) et enf., d'Avion, à Montluçon, Allier.
Romelaere (Marie), de Wingles, à [illegible], Allier.
Romelard (Henri) et fam., de Wingles, à Gouzet, Allier.
Romelin Rouvau (Blanche), de Wingles, à St-Jean-de-Luz, Basses-Pyrénées.
Romelin Rouvau (Clovis), de Wingles, à St-Jean-de-Luz, Basses-Pyrénées.
Romelin (Estelle), de Wingles, à St-Jean-de-Luz, Basses-Pyrénées.
Romelin Rouvau (Ferdinand), de Wingles, à St-Jean-de-Luz, Basses-Pyrénées.
Roose (Hélène) et enf., de Liévin, à Cette, Hérault.
Roose (Pharailde) et son frère, de Liévin, à Tarbes, Hautes-Pyrénées.
Roose (René) et fam., de Liévin, à Bordères, Hautes-Pyrénées.
Roser (Valérie), de Béthune, à Tarbes, Hautes-Pyrénées.
Rosier (Stéphanie) et fam., de Vichy-la-Basse, à St-Nicolas, Allier.
Rojra (Madeleine), de Vermelles, à [illegible], Basses-Pyrénées.
Roubroux (Clovis), de Wingles, à Cusset, Allier.
Roudier (Félicien), de Bully-Grenay, à Malicorne, Allier.
Rougeron (Marie-Louise) et enf., de Liévin, à Montvicq, Allier.
Rousse (Eugénie) et enf., d'Arras, à Échassières, Allier.
Rousseau (François) et enf., d'Ourchy-la-Basse, à St-Nicolas-de-Biel, Allier.
Rousseau (Henri), de Grenay, à Cotillon, Allier.
Roussel (Blanche) et fr. et sœur, de St-Laurent-Blangy, à Commentry, Allier.
Roussel (Sophie) et enf., d'Arras, à Corbeil, Seine-et-Oise.
Roussel (Juliette) et enf., de Liévin, à Semeac, Hautes-Pyrénées.
Roussel (Arthur), d'Arras, à Lalizolle, Allier.
Rousselle (Eugénie), de Sains-en-Gohelle, à Arthez, Basses-Pyrénées.
Rousselle (Paul), de Liévin, à Commentry, Allier.
Rouzée (Louis), de Lens, à Tarbes, Hautes-Pyrénées.
Roux (Gustave) et sa sœur, d'Ouchy-le-Bas, à Saint-Germont, Allier.
Rufin (Florine), de Billy-Montigny, à la Rochelle, Charente-Inférieure.
Rufin (Léon), de Billy-Montigny, à Coulaure, Dordogne.
Ruquoy (Mathilde), d'Arras, à Chamesson, Allier.
Saedeleer (Jean-Baptiste de), de Drocourt, à Saint-Étienne, Loire.
Sagnier (Marie) et enf., de Grenay-Liévin, à Saint-Pargoil, Allier.
Sagny (Achile) et enf., de Montigny-en-Gohelle, à Montluçon, Allier.
Saloppe (Marie), de Tilloy-les-Mofflaine, à Espinasse-Vozelle, Allier.
Saulire, de Lens, à Semeac, Hautes-Pyrénées.
Santerre (Bernard), de Liévin, à Durdat-Larequille, Allier.
Sarazin (Henri) et fam., de Sallaumines, à Montluçon, Allier.
Sauvage (Augustin) et fam., de Carvin, à Varennes-sur-Allier, Allier.
Sauvage (Augustine) et enf., de Lens, à la Celle, Allier.
Sauvage (Daniel) et ép., d'Hénin-Liétard, à Bonce, Allier.
Sauvage (Julien), de Drocourt, à Salies-de-Béarn, Basses-Pyrénées.
Sauvage (Maria), de Drocourt, à Salies-de-Béarn, Basses-Pyrénées.
Savary (Arthur), d'Arras, à Nassigny, Allier.
Savary (Joseph) et ép., de Lens, à Nizerolles, Allier.
Savary (Joséphine) et enf., d'Aubie, à Coutansouze, Allier.
Schlider (Nicolas), d'Arras, à Gannat, Allier.
Sellier (Maria), de Calais, à Méritein, Basses-Pyrénées.
Seineus (Augustin) et fam., d'Hénin-Liétard, à St-Gérand-de-Puy, Allier.
Semet (Arnaude) et son frère, de Bully-Grenay, à Commentry, Allier.
Semet (Alexandrine) et enf., de Loos-en-Gohelle, à Montluçon, Allier.
Senecaut (Louis), de Lens, à Arcizac-Adour, Hautes-Pyrénées.
Sénécot (Clara) et enf., de Lens, à Monteignet-d'Andelot, Allier.

Vaillant (Sophie), de Drocourt, à Creuzier-le-Vieux, Allier.
Vaillant (Victorine) et enf., de Méricourt-sous-Lens, à Arronnes, Allier.
Vallangeon (François), de Sallaumines, à Bezenet, Allier.
Vallet (Joseph) et enf., de Liévin, à Saint-Fargeol, Allier.
Vallin (François), de Leforest, à Saumeray, Eure-et-Loir.
Vaudeville (Auguste), d'Hénin-Liétard, à Dangeau, Eure-et-Loir.
Vauholle (Jean), de Lille, à Fonsorbes, Haute-Garonne.
Vanhoue (Jules), de Wingles, à Chartres, Eure-et-Loir.
Vanhove (Albertine) et enf., de Lens, à Saint-Félix, Allier.
Van Enaeme (Pierre), de Sallaumines, à Nourty, Basses-Pyrénées.
Vanœtghem (Blanche) et fam., de Sallaumines, à Montoldre, Allier.
Varin (Mme) et enf., de Rouvroy, à Naves, Allier.
Vasseur (Adrienne) et frère, de Douvrin, à Créchy, Allier.
Vasseur (Elise) et enf., de Mazingarbe, à Marcillat, Allier.
Vasseur (Hélène), d'Arras, à Biarritz, Basses-Pyrénées.
Vasseur (Louise), d'Arras, à Biarritz, Basses-Pyrénées.
Vasseur (Lucien), d'Arras, à Biarritz, Basses-Pyrénées.
Vasseur (Marie), d'Arras, à Biarritz, Basses-Pyrénées.
Vattel (Mme), de Saint-Laurent-Blangy, à Saint-Pont, Allier.
Vaubelle (Bernadette) et frère, d'Arras, à Gannat, Allier.
Vaubiervliet (Emile) et enf., de Sallaumines, à Montceau-les-Mines, S.-et-L.
Vaucauveiart (Louis) et enf., de Lens, à Montceau-les-Mines, Saône-et-L.
Vaudeaux (Emile), de Vermelles, à Montceau-les-Mines, Saône-et-Loire.
Vendeville (Ch.) et enf., de Courcelles-les-Lens, à Montceau-les-Mines, S.-et-L.
Vénus (Isabella), de Lierre, à Gannat, Allier.
Véragten (Léonie) et enf., de Liévin, à Ronnet, Allier.
Veragten (Léonce) et frères, de Liévin, à Marcillat, Allier.
Vercauteren (Jacob) et fam., de Lens, à Montseignet-l'Andelot, Allier.
Verdérie (Céline) et fr. et sœur, de Lens, à Mayet-de-Montagne, Allier.
Verdet (Clémence), de Ficheux, à Montagny-les-Buxy, Saône-et-Loire.
Verdet (Fernande), de Ficheux, à Montagny-les-Buxy, Saône-et-Loire.
Verdet (Françoise), de Ficheux, à Montagny-les-Buxy, Saône-et-Loire.
Verdet (Hyacinthe) et enf., de Ficheux, à Montagny-les-Buxy, Saône.-et-L.
Verdet (Hyacinthe), de Ficheux, à Montagny-les-Buxy, Saône-et-Loire.
Verdet (Marguerite), de Ficheux, à Montagny-les-Buxy, Saône-et-Loire.
Verdet (Marie), de Lens, à Lachapelaude, Allier.
Verdière (Emile), d'Harnes, à Mazirat, Allier.
Verdière (Mme), d'Arras, à Bizeneuille, Allier.
Verdin (Mathilde) et enf., de Lens, à Laprugne, Allier.
Verdru (Clotilde) et enf., de Vermelles, à Marcillat, Allier.
Verdy (Reine) et enf., de Rouvroy, à Varennes-sur-Allier, Allier.
Verez (Edouard) et enf., d'Hénin-Liétard, à Cusset, Allier.
Vergot (Auguste) et fam., de Bully-Grenay, à Aurensan, Hautes-Pyrénées.
Vérin (Emilie), d'Hénin-Liétard, à Cassaber, Basses-Pyrénées.
Vérin (Germain) et fam., d'Hénin-Liétard, à Noyant, Allier.
Vermachen (François), de Lens, à Saint-Angel, Allier.
Vermet (Gabrielle), de Liévin, à Séméac, Hautes-Pyrénées.
Véron-Gédéon (Adélaïde) et enf., de Lens, à Montoldre, Allier.
Verry (Ovide), de Vendin-le-Vieil, à Mazirat, Allier.
Verschueren (Alfred), de Montreuil, à St-Jean-Pied-de-Port, Basses-Pyrén.
Vigneron (Charles) et fam., d'Arras, à Ferrières-sur-Sichon, Allier.
Vignex (Raymonde) et frère, d'Arras, à Echassières, Allier.

Vilcot (Henri) et enf., de Liévin, à Montceau-les-Mines, Saône-et-Loire.
Vilcot (Henri), de Liévin, à Montceau-les-Mines, Saône-et-Loire.
Villé (Victor), de Billy-Montigny, à Orthez, Basses-Pyrénées.
Violette (Maria), d'Arras, à Deuil, Seine-et-Oise.
Vireuille (Arthur) et enf., de Saint-Laurent-Blangy, à Commentry, Allier.
Vireur (Georgine) et enf., de Liévin, à Langy, Allier.
Viseur (Mme) et enf., de Bois-Renard, à Seuillet, Allier.
Viseur (Mme) et enf., de Bois-Renard, à Seuillet, Allier.
Viseur (Mme) et enf., de Liévin, à Varennes-sur-Allier, Allier.
Viseux (Séraphin), d'Ablain-Saint-Nazaire, à Creuzier-le-Neuf, Allier.
Vizeur (Georges), de Carvin, à Terrenoire, Loire.
Vogé (Jules), de Rouvroy, à Nourty, Basses-Pyrénées.
Vogé (Philibert), de Rouvroy, à Nourty, Basses-Pyrénées.
Volant (Auguste), de Lens, à Montluçon, Allier.
Volant (Marie) et enf., d'Avion, à Montluçon, Allier.
Wacheux (Zélia) et enf., de Sallaumines, à Montauban, Tarn-et-Garonne.
Wagnier (Jules) et enf., d'Hénin-Liétard, à Lapalisse, Allier.
Wagon (Albertine) et enf., de Givenchy-en-Gohelle, à Saint-Etienne, Loire.
Wagon (Emile), de Givenchy-en-Gohelle, à Saint-Etienne, Loire.
Wailly (Jean), de Lens, à Trevol, Allier.
Wanetius (Sophie) et enf., de Fouquières-les-Lens, à Vichy, Allier.
Wantiez (Anatole), d'Hénin-Liétard, à Saint-Etienne, Loire.
Waquet (Armance), d'Avion, à Sancheville, Eure-et-Loir.
Waquet (Crescence), d'Avion, à Sancheville, Eure-et-Loir.
Waquet (Faustin), d'Avion, à Sancheville, Eure-et-Loir.
Waquet (François), d'Avion, à Sancheville, Eure-et-Loir.
Waquet (Louis), d'Avion, à Sancheville, Eure-et-Loir.
Waquet (Zoé), d'Avion, à Sancheville, Eure-et-Loir.
Watel (Alfred), de Loos-en-Gohelle, à Jurançon, Basses-Pyrénées.
Watel (François), de Fouquières-les-Lens, à Créchy, Allier.
Waterlo (Louis) et enf., d'Ostricourt, à Montceau-les-Mines, Saône-et-Loire.
Watrelos (Catherine), de Noyelles-sous-Lens, à Commentry, Allier.
Wattel (Anatole) et frères, de Fouquières-les-Mines, à Lachapelaude, Allier.
Wattelier (Félix), de Carvin, à Blanzy, Saône-et-Loire.
Watterlo (Louise) et enf., d'Avion, à Cindré, Allier.
Wattrint (Emilia) et frère, de Billy-Montigny, à Boucé, Allier.
Wauherrewegbe (Emile) et enf., d'Ostricourt, à Montceau-les-Mines, S.-et-L.
Wondelin (Georges), d'Arras, à Prémilbat, Allier.
Weppe (Gabrielle) et enf., d'Arras, à Coutansouze, Allier.
Werbrugghe (Angélique) et enf., d'Hénin-Liétard, à Boucé, Allier.
Wiard (Elisabeth) et enf., d'Hénin-Liétard, à St-Gérand-de-Puy, Allier.
Wieppe (Appoline), de Sallaumines, à Cusset, Allier.
Wilbault (Désiré), de Brebières, à Montluçon, Allier.
Windy (Jean) et ép., d'Hénin, à Courçais, Allier.
Wouattier (Léontine), d'Arras, à Nassigny, Allier.
Wuilmard (Clémence) et enf., de Douvrin, à Mayet-de-Montagne, Allier.
Yvols (André), de Nuvireuil, à Commentry, Allier.
Zancan (Alberto) et ép., de Vendin-le-Vieil, à Varennes-sur-Allier, Allier.
Zapparoli (Jacques) et ép., de Viau, à Courçais, Allier.
Zemne (Elie), d'Hénin-Liétard, à Cusset, Allier.
Zemme (Mme) et enf., de Rouvroy, à Seuillet, Allier.

15ᵉ LISTE.

Allard (Marie), d'Arras, à Montaigut-le-Blanc, Puy-de-Dôme.
Allard (André), d'Arras, à Montaigut-le-Blanc, Puy-de-Dôme.
Aurray (Marie), d'Arras, à Montaigut-le-Blanc, Puy-de-Dôme.
Bachy (Albert), d'Hénin-Liétard, à Saint-Eloy, Puy-de-Dôme.
Bailliez (Germaine), de Harmes, à Clermont, Puy-de-Dôme.
Barraud (Jean), de Fouquières-les-Lens, à Saint-Eloy, Puy-de-Dôme.
Basquin (Lucien), de Beauvois, à Clermont, Puy-de-Dôme.
Bastide (Emérance), d'Arras, à Montaigut-le-Blanc, Puy-de-Dôme.
Bastaoen (Julien), de Brebières, à Clermont, Puy-de-Dôme.
Bastoen (Jeanne), de Brebières, à Clermont, Puy-de-Dôme.
Baudot (Renée), d'Hersin-Compigny, à Clermont, Puy-de-Dôme.
Beaudnins (Louise) et enf., de Beaurains, à Aulhat, Puy-de-Dôme.
Beaudnins (Alexandre) et fam., de Beaurains, à Aulhat, Puy-de-Dôme.
Belin (Adèle) et enf., de Souchez, à Soussons, Landes.
Béringer (Adolphine), de Noyelles-Godault, à La Boissière-Montaigu, Vendée.
Bernard (Zulma) et enf., de Loison-sous-Lens, à l'Ile-d'Elle, Vendée.
Bernard (Joseph), de Beaurains, à Aulhat, Puy-de-Dôme.
Bernard (Elise) et enf., de Beaurains, à Aulhat, Puy-de-Dôme.
Berquin (Charline) et enf., d'Avion, à Riom, Puy-de-Dôme.
Berthon (Gilbert), de Fouquières-les-Lens, à Soint-Eloy, Puy-de-Dôme.
Bienfait (Hélène) et enf., de St-Laurent-Blangy, à Ludesse, Puy-de-Dôme.
Bigand (Marie) et enf., de Liévin, à Randan, Puy-de-Dôme.
Billet (Augustin) et fam., de Vimy, à St-Gervais-d'Auvergne, Puy-de-Dôme.
Binaut (Georgina), de Calonne, à Saint-Eloy, Puy-de-Dôme.

Blondeau (Henri), de Fouquières-les-Lens, à Clermont, Puy-de-Dôme.
Bochu (Alphonse), d'Hénin-Liétard, à Saint-Etienne, Loire.
Boulanger (Pauline) et enf., de Montigny, à Peyrhorade, Landes.
Boutringuin (Maurice), de Warlincourt, à Giat, Puy-de-Dôme.
Brunelle (Louis), de Violanne, à Bansat, Puy-de-Dôme.
Buirette (Emile), d'Arras, à Moutaigut-le-Blanc, Puy-de-Dôme.
Cadart (Marthe), d'Arras, à Montaigut-le-Blanc, Puy-de-Dôme.
Canivez (Augustin), de Montigny-en-Gohelle, à Saint-Etienne, Loire.
Capaert (Louis) et fam., de Sallaumines, à Dax, Landes.
Capelle (Olive) et enf., de Fleurbaix, à La Sauvetat, Puy-de-Dôme.
Cartigny (Julia), de Winghes, à Dax, Landes.
Cartigny (Louise), de Winghes, à Dax, Landes.
Caron (Lucien) et enf., d'Arras, au Breuil, Puy-de-Dôme.
Caron (Léona) et enf., de Loison-sous-Lens, à l'Ile-d'Elle, Vendée.
Cayet (Marcel) et fam., de Vimy, à Saint-Mars-la-Réorthe, Vendée.
Chanot (Marcel), d'Arras, à Lapeyrouse, Puy-de-Dôme.
Chevalier (Gustave), d'Hénin-Liétard, à Saint-Etienne, Loire.
Chevalier (Léon), d'Hénin-Liétard, à Saint-Etienne, Loire.
Combe (Georges), d'Arras, à Montaigut-le-Blanc, Puy-de-Dôme.
Combe (Madeleine), d'Arras, à Montaigut-le-Blanc, Puy-de-Dôme.
Coquin (Gabrielle), d'Arras, à Montaigut le-Blanc, Puy-de-Dôme.
Courcelle (Ferdinand), de Douvrin, à Saint-Eloy, Puy-de-Dôme.
Crapoulet (Augustine) et enf., de Beaurains, à Aulhat, Puy-de-Dôme.
Cresson (Marguerite) de Lens, à Ax-les-Thermes, Ariège.

Croix (Régina), de Pont-Avendin, à Dax, Landes.
Daeren (Coralie), d'Arras, à Aubière, Puy-de-Dôme.
Damiens (Benoit), d'Hénin-Liétard, à Saint-Étienne, Loire.
Debaillieul (Olive), de Thélus, à La Taillée, Vendée.
Debarge (Henri) et fam., de Neuvireuil, à Ennezat, Puy-de-Dôme.
Deberies (Maurice), de Berle-en-Bois, à Giat, Puy-de-Dôme.
Debeugny (Amédée), d'Essart-les-Buquoy, à Giat, Puy-de-Dôme.
Deleforge (Célestine), de Vermelles, à Dax, Landes.
Deleforge (Flore), de Vermelles, à Dax, Landes.
Deleforge (Edouard), de Vermelles, à Dax, Landes.
Delobelle (Fidèle), de Carvin-Libercourt, à St-Florent-des-Bois, Vendée.
Delatour (Jules) et fam., d'Arras, à Riom, Puy-de-Dôme.
Delatour (Isidore), d'Arras, à Riom, Puy-de-Dôme.
Delabarre (Aurélie), de Douvrin, à Clermont, Puy-de-Dôme.
Delplanque (Gabrielle), de Billy-Verclos, à Clermont, Puy-de-Dôme.
Delville (Armandine), d'Arras, à Sauxillanges, Puy-de-Dôme.
Delsaut (Constant), de Noyelle-sous-Lens, à Saint-Étienne, Loire.
Delporte (André), de Berle-en-Bois, à Giat, Puy-de-Dôme.
Deligne (Lucienne) et sœurs, d'Arras, à Saint-Cirgues, Puy-de-Dôme.
Delfosse (Léontine) et enf., de Lens, à Marsac, Puy-de-Dôme.
Deleury (Augustin), de St-Laurent-de-Blangy, à Mareugheol, Puy-de-Dôme.
Delesalle (Jules), de Mouveaux, à La Sauvetat, Puy-de-Dôme.
Delvaliez (Jean) et fam., d'Aunay, à St-Malo-des-Bois, Vendée.
Demay (Robert), de Bailleul-Sir-Berthoult, à Randan, Puy-de-Dôme.
Deprez (Ignace) et fam., de Liévin, à Saint-Éloy, Puy-de-Dôme.
Desbureaux (Alexis), de Warlincourt, à Giat, Puy-de-Dôme.
Desfretières (François), de Lens, à Saint-Éloy, Puy-de-Dôme.
Desvignes (Fernand), de Buquoy, à Giat, Puy-de-Dôme.
Desruelles (Vital), de Sallaumines, à Clermont, Puy-de-Dôme.
Dobeuf (Jules), de Saint-Laurent-Blangy, à Ludesse, Puy-de-Dôme.
Docker (Victoria) et enf., de Beaurains, à Aulhat, Puy-de-Dôme.
Drancourt (Angèle), de Royelles, à Mareuil-sur-Lay, Vendée.
Draux (Marie), d'Auchies-la-Bassée, à Clermont, Puy-de-Dôme.
Dreux (Alfred), d'Oignies, à Saint-Éloy, Puy-de-Dôme.
Dubruille (Marcel), de Liévin, à Saint-Éloy, Puy-de-Dôme.
Ducatel (Rosa), de Rocaincourt, à La Taillée, Vendée.
Dumazet (François) et fam., de Liévin, à Saint-Éloy, Puy-de-Dôme.
Evrard (Henri), de Liévin, à Saint-Étienne, Loire.
Faivre (Charles), de Drocourt, à Saint-Étienne, Loire.
Falong (Raoul), d'Hénin-Liétard, à Saint-Étienne, Loire.
Fassard (François), de Courcelles-les-Lens, à Châteaugay, Puy-de-Dôme.
Fortin (Robert), d'Hanis-Camps, à Giat, Puy-de-Dôme.
Gallet (Suzanne), de ..., à Royat, Puy-de-Dôme.
Gallet (Henri), d'Hénin-Liétard, à Saint-Étienne, Loire.
Geslin (Georges), d'Arras, à Montaigut-le-Blanc, Puy-de-Dôme.
Gilliot (Auguste), de Marles, à Saint-Étienne, Loire.
Gilliot (Estelle) et enf., de Marles, à Saint-Étienne, Loire.
Godefroy (Fernand) et fam., d'Arras, à Saint-Cirgues, Puy-de-Dôme.
Gorlier (Eugénie), de Saint-Laurent-Blangy, à La Taillée, Vendée.
Gorlier (Ferdinand), de Saint-Laurent-Blangy, à La Taillée, Vendée.
Gorlier (Joachim) et enf., de Saint-Laurent-Blangy, à La Taillée, Vendée.
Goubet (Elisabeth), de Boyelles, à Mareuil-sur-Lay, Vendée.
Gaudemand (Eugénie) et enf., d'Arras, à Montaigut-le-Blanc, Puy-de-Dôme.
Griolani (Eugène), de Hersin-Coupigny, à Fossemagne, Dordogne.
Guillaumin (Jean-Baptiste) et fam., de Liévin, à St-Éloy, Puy-de-Dôme.
Guislain (Flore), d'Arras, à Clermont, Puy-de-Dôme.
Hecquet (Maurice), de Berle-au-Bois, à Giat, Puy-de-Dôme.
Hédin (Emile) et fam., d'Arras, à Pardines, Puy-de-Dôme.
Henon (Albert), d'Hénin-Liétard, à Corent, Puy-de-Dôme.
Hennebelle (Jean), d'Arras, à Montaigut-le-Blanc, Puy-de-Dôme.
Huret (Augustin) et fam., d'Hénin-Liétard, à Saint-Éloy, Puy-de-Dôme.
Huyghe (Louis), d'Arras, à Clermont-Ferrand, Puy-de-Dôme.
Huyghe (Marie), d'Arras, à Clermont-Ferrand, Puy-de-Dôme.
Jalimier (Julien) et fam., de Liévin, à Saint-Éloy, Puy-de-Dôme.
Jousse (Marie), d'Arras, à Riom, Puy-de-Dôme.
Juiseppe (Antoine), d'Hénin-Liétard, à Saint-Éloy, Puy-de-Dôme.
Laurent (Fernande) de Thélus, à La Taillée, Vendée.
Lampin (Henri) et frères et sœurs, de Sallaumines, à St-Sever, Landes.
Lebrun (François) et fam., de Laurent-Blangy, à Parentignat, Puy-de-Dôme.
Leclerq (Gaston), de Billy-Montigny, à Clermont-Ferrand, Puy-de-Dôme.
Leclercq (Augustine), d'Arras, à Montaigut-le-Blanc, Puy-de-Dôme.

Lefebvre (Angèle) et enf., de Pont-à-Vendin, à ..., Landes.
Lefranque-Foulen (Eugénie), de Richebourg, à Bansat, Puy-de-Dôme.
Legrand (Palmyre), d'Arras, à Montaigut-le-Blanc, Puy-de-Dôme.
Legrand (Pierre), d'Arras, à Montaigut-le-Blanc, Puy-de-Dôme.
Lemaire (Auguste), de Douvrin, à Clermont-Ferrand, Puy-de-Dôme.
Lemaire (Marie), de Pont-à-Vendin, à Clermont-Ferrand, Puy-de-Dôme.
Lemoine (Albert), d'Auchy-en-Artois, à La Sauvetat, Puy-de-Dôme.
Levant (Augustin), d'Hénin-Liétard, à Saint-Éloy, Puy-de-Dôme.
Liégeois (Oliphis), de Fouquières-lez-Lens, à Clermont-Ferrand, Puy-de-Dôme.
Lucas (Philomène), de Bailleul-Sir-Berthoult, à Riom, Puy-de-Dôme.
Maes (Gabriel), de Sallaumines, à Luxillat, Puy-de-Dôme.
Manier (Aristide) et frère, d'Anvin, à Mareuil-sur-Lay, Vendée.
Massier (Émile) et fam., de Fouquières-lez-Lens, à Saint-Éloy, Puy-de-Dôme.
Marie (Albert), d'Hénin-Liétard, à Saint-Remy, Puy-de-Dôme.
Marie (Alexandre), de Liévin, à Paslière, Puy-de-Dôme.
Matteuci (Job), de Saint-Paul, à Saint-Étienne, Loire.
Menard (Antoine), de Billy-Montigny, à Saint-Étienne, Loire.
Mercier (Élise), d'Arras, à Sauxillanges, Puy-de-Dôme.
Mercier (Mathilde), d'Arras, à Sauxillanges, Puy-de-Dôme.
Merlin (François), de Liévin, à Saint-Éloy, Puy-de-Dôme.
Merlin (Paul), de Drocourt, à Saint-Étienne, Loire.
Merlin (Alfred), de Drocourt, à Saint-Étienne, Loire.
Merlin (Paul), de Drocourt, à Saint-Étienne, Loire.
Méthimar (Antoine), de Fouquières-lez-Lens, à Saint-Éloy, Puy-de-Dôme.
Michel (Gustave), de Carvin, à Vic-le-Comte, Puy-de-Dôme.
Milon (Joséphine), d'Arras, à Sauxillanges, Puy-de-Dôme.
Moreau (Justine) et enf., de Courcelles-lès-Lens, à ..., Vendée.
Mourion (Jean-Baptiste), d'Arras, à Clermont-Ferrand, Puy-de-Dôme.
Naver (Eustbe), de Saint-Omer, à Saint-Éloy, Puy-de-Dôme.
Odin (Suzanne), de Vermelles, à Dax, Landes.
Oiseau (Nelly) et enf., d'Arras, à Sauxillanges, Puy-de-Dôme.
Parent (Berthe), de Wingles, à Clermont-Ferrand, Puy-de-Dôme.
Petit (Marie) et enf., de Drocourt, à Riom, Puy-de-Dôme.
Plomb (Eugénie), d'Arras, à Riom, Puy-de-Dôme.
Prémier (Charles), de Gomiécourt, à Giat, Puy-de-Dôme.
Prudent (Mathilde), de Lens, à Clermont-Ferrand, Puy-de-Dôme.
Pruvost (Jeanne), d'Arras, à Montaigut-le-Blanc, Puy-de-Dôme.
Pruvost (Julie), d'Arras, à Montaigut-le-Blanc, Puy-de-Dôme.
Quenotte (Benjamin), d'Arras, à Mareuil-sur-Lay, Vendée.
Quevit (Félicie), d'Arras, à Montaigut-le-Blanc, Puy-de-Dôme.
Remy (Léonie) et fam., de Lens, à Saint-Éloy, Puy-de-Dôme.
Reverse (Gustave), de Liévin, à Clermont-Ferrand, Puy-de-Dôme.
Ricke (Marie) et enf., de Beaurains, à Aulhat, Puy-de-Dôme.
Roland (Pierre), de Berles-au-Bois, à Giat, Puy-de-Dôme.
Roussel (George), de Saint-Nicolas, à Châteaugay, Puy-de-Dôme.
Routier (Alphonse) et fam., d'Hénin-Liétard, à Saint-Étienne, Loire.
Rudent (Adephonse), de Lens, à Saint-Éloy, Puy-de-Dôme.
Salomar (Marie) et enf., de Vermelles, à Boudes, Puy-de-Dôme.
Sevrette (Marie), d'Arras, à Montaigut-le-Blanc, Puy-de-Dôme.
Simon (Auguste), de Wingles, à Bansat, Puy-de-Dôme.
Sius (Françoise) et enf., d'Arras, à Aubière, Puy-de-Dôme.
Tabary (Maurice), de Martinpuich, à Giat, Puy-de-Dôme.
Tabary (Philomène), de Noyelles-Godault, à Saint-Étienne, Loire.
Theret (Virginie), de Lens, à Ax-les-Thermes, Ariège.
Thret (Jules), de Lens, à Ax-les-Thermes, Ariège.
Thévenin (François) et fam., du Massif-les-Bois, à St-Éloy, Puy-de-Dôme.
Thuouse (Louis) et fam., d'Hénin-Liétard, à Clermont-Ferrand, Puy-de-D.
Tournay (Jules), d'Auby, à Saint-Étienne, Loire.
Touzet (Edouard) et fam., d'Arras, à Clermont-Ferrand, Puy-de-Dôme.
Tourin (Marcel), d'Avion, à Lapeyrouse, Puy-de-Dôme.
Verdonoq (Jean-Baptiste), de Billy-Montigny, aux Herbiers, Vendée.
Valet (Flore), de Saint-Laurent-Blangy, à La Taillée, Vendée.
Varret (Paul), de Douchy-les-Ayettes, à Giat, Puy-de-Dôme.
Vidalien (Maria), d'Arras, à Montaigut-le-Blanc, Puy-de-Dôme.
Viseur (Benoit), de Givenchy-en-Gohelle, à Belleville-sur-Vie, Vendée.
Viseux (Charlemagne), de Givenchy-en-Gohelle, à Belleville-sur-Vie, Vendée.
Viseux (Jean-Baptiste), de Givenchy-en-Gohelle, à Belleville-sur-Vie, Vendée.
Vital (Marie), de Liévin, à Paslière, Puy-de-Dôme.
Wiard (Émile), d'Hénin-Liétard, à Saint-Éloy, Puy-de-Dôme.
Wiart (Gustave) et fam., de Bailleul-Sir-Berthoult, à Randan, Puy-de-D.

16ᵉ LISTE.

Bailly (Paul), d'Arras, à Saint-Prix, Saône-et-Loire.
Boisson (Hippolyte) et enf., d'Hénin-Liétard, aux Bizots, Saône-et-Loire.
Boussemert (Émile) et enf., d'Arras, à Saint-Prix, Saône-et-Loire.
Boutry (Louis), de Montigny-en-Gohelle, à Néblan, Hérault.
Bricaut (Arthur), de Pont-de-Brique, à Saint-Pons, Hérault.

Briquet (Henri), d'Hacnes, à Saint-Basile-du-Putois, Hérault.
Canivet (Louise), de Billy-Montigny, à Saint-Yan, Saône-et-Loire.
Capron (Louis), d'Arras, à Saint-Prix, Saône-et-Loire.
Carlier (Jean-Baptiste), de Lavault, à Montagny, Saône-et-Loire.
Charlet (Mme), de Montreuil, à Cessénal, Hérault.

Chabert (Victor), de Calais, aux Mines de Trélys, Hérault.
Charlet (Alphonse), de Formelles, à Issy-l'Évêque, Saône-et-Loire.
Cheminet (Louis), de Pont-de-Briques, à Saint-Pons, Hérault.
Goën (Antère), de Calais, à Puisserguier, Hérault.
Cousin (Léon), de Pont-de-Briques, à Saint-Pons, Hérault.
Cramet (Marie-Louise) et fam., d'Arras, à Issy-l'Évêque, Saône-et-Loire.
Crebel (Oscar), de Feuchiès, à Saint-Pons-de-Mauchiens, Hérault.
Debakre (Justin), de Calais, à Lespignan, Hérault.
Debée (Léonie), d'Arras, à Issy-l'Évêque, Saône-et-Loire.
Debriester (Ferdinand), de Calais, à Saint-Vincent-d'Olargue, Hérault.
Delécourt (Fortunat), de Formelles, à Issy-l'Évêque, Saône-et-Loire.
Deleneuville (Philotet), de Formelles, à Issy-l'Évêque, Saône-et-Loire.
Delcourt (Pierre), de Pont-de-Briques, à Saint-Pons, Hérault.
Delvigne (Baptiste), de Pont-de-Briques, à Saint-Pons, Hérault.
Dequeker (Charles), de Pont-de-Briques, à Ganges, Hérault.
Deroeux (Constance) et enf., d'Arras, à Issy-l'Évêque, Saône-et-Loire.
Derwilde (Fernand), de Pont-de-Briques, à Cruzy, Hérault.
Desauvage (Émile), de Calais, à Ganges, Hérault.
Desse (Alphonse), de Pont-de-Briques, à Saint-Pons, Hérault.
Dhemin (Angèle), d'Arras, à Issy-l'Évêque, Saône-et-Loire.
Dhée (Émile), d'Arras, à Issy-l'Évêque, Saône-et-Loire.
Diéval (Georges), de Boulogne, à Vieussan, Hérault.
Dimont (Henri), d'Hénin-Liétard, à Saint-Bauzille-de-Putois, Hérault.
Dinant (Alexandre), de Béthune, à Montady, Hérault.
Dubois (Léon), de Boulogne-sur-Mer, à Saint-Pons, Hérault.
Dupuy (Louis), de Béthune, à Aspiran, Hérault.
Duvevié (Henri), de Pont-de-Briques, à Saint-Pons, Hérault.
Fourneaud (Claire), de Montreuil, à Cesseras, Hérault.
Feys (Georges), de Calais, à Saint-Vincent-d'Olargue, Hérault.
Flamme (Florence), de Liévin, à Château-Bon, Hérault.
Flamme (Gaston), de Liévin, à Château-Bon, Hérault.
Fognard (Henri), de Pont-de-Briques, à Saint-Pons, Hérault.
Fontaine (Hortense) et enf., de Billy-Montigny, à Saint-Yan, Saône-et-Loire.
Fournier (Philippe), de Liévin, à Tressan, Hérault.
Foutry (Georges), de Calais, à Saint-Vincent-d'Olargue, Hérault.
François (Juliette), d'Avion, à Montpellier, Hérault.
Framion (Émile), de Calais, à Trélys, Hérault.
Fredevaux (Alfred), de Fouquié-lez-Lens, à Saint-Bauzille-du-Putois, Hérault.
Gaubert (Bremont), de Lens, à Trélys, Hérault.
Gauchefer (Joséphine) et enf., de Billy-Montigny, à Saint-Yvan, Saône-et-L.
Gossart (Léandre) et enf., de Guemappe, à Saint-Bauzille-du-Putois, Hérault.
Gosselin (Jules), de Liévin, à Tressan, Hérault.
Gouin (Charles) et enf., de Loosen-Gohelle, à Loupian, Hérault.
Guillemant (Arthur) et enf., d'Arras, à Cébazan, Hérault.
Hantsou (Aloys) et fam., de Grenay, à Montouliers, Hérault.
Havez (Maurice), de Calais, à Saint-Bauzille-du-Putois, Hérault.
Hédont (François), d'Harnes, à Saint-Bauzille-du-Putois, Hérault.

Hennicotte (Maurice) et fam., de Montreuil-sur-Mer, à Canet, Hérault.
Hersogueile (Benoni), d'Arras, à Cébazan, Hérault.
Holiez (Valentine), d'Arras, à Saint-Prix, Saône-et-Loire.
Huleux (Florine), d'Arras, à Issy-l'Évêque, Saône-et-Loire.
Huret (Marie-Louise) et enf., d'Arras, à Issy-l'Évêque, Saône-et-Loire.
Imbrect (Henri), de Liévin, à Saint-Bauzille-du-Putois, Hérault.
Labalette (Zéphir) et fam., de Liévin, à Château-Bon, Hérault.
Lafolet (Alfred), de Saint-Nicolas-lez-Arras, à Canet, Hérault.
Lancel (Charles), d'Anzin, à Puissalicon, Hérault.
Lecointe (Juliette) et enf., d'Arras, à Saint-Prix, Saône-et-Loire.
Lelong (Jules), de . . . ., à Tressan, Hérault.
Leloir (Nicolas), de Vauvrecourt, à Campagnan, Hérault.
Lelieng (Florent), de . . . ., à Tressan, Pas-de-Calais.
Lemaire (Léontine), de Formelles, à Issy-l'Évêque, Saône-et-Loire.
Lemaire (Émilie), de Liévin, à Saint-Chinian, Hérault.
Lemaire (Casimir) et enf., d'Arras, à Issy-l'Évêque, Saône-et-Loire.
Lemale (Mathilde), de Laventie, à Montagny, Saône-et-Loire.
Lépoivre (Augustine), d'Arras, à Issy-l'Évêque, Hérault.
Leroy (Victor), de Méricourt-sous-Lens, à Puissalicon, Hérault.
Leroy (Émile), de Carvin, à Ganges, Hérault.
Lespagnol (Augustin) et fam., de Liévin, à Château-Bon, Hérault.
Letombe (Marguerite) et enf., d'Arras, à Saint-Prix, Saône-et-Loire.
Leyier (Abel), de Billy-Montigny, à Trélys, Hérault.
Marchaut (Charles), de La Bassée, à Saint-Paul-de-Mauchiens, Hérault.
Moerman (Camille), de Calais, à Puisserguier, Hérault.
Moncample (Léonce), d'Arras, à Saint-Pons-de-Mauchiens, Hérault.
Moreau (Numa), de Boulogne, à Saint-Pons, Hérault.
Morel (Edgar) et fam., de Neuville-Vitasse, à Clapiers, Hérault.
Nève (Louis de), de Calais, à Saint-Vincent-d'Olargue, Hérault.
Pecqueur (Léonie) et enf., d'Arras, à Saint-Chinian, Hérault.
Philippart (Émile), d'Arras, à Vieussan, Hérault.
Planquier (Henri), de Calais, à Saint-Vincent-d'Orlague, Hérault.
Poret (Louis), de Calais, à Campagnan, Hérault.
Ridder (Désiré), de Calais, à Puisserguier, Hérault.
Ringuet (Julie) et enf., de Fouquières-lez-Lens, à Cesseras, Hérault.
Rivierre (Adolphe), de Calais, à Saint-Bauzille-du-Putois, Hérault.
Roclandt (François), de Calais, à Puisserguier, Hérault.
Rycke (Paul de), de Calais, à Trélys, Hérault.
Sauterne (Théodule), de Feuchiès, à Saint-Pons-de-Mauchiens, Hérault.
Valencaise (Alphonse), de Calais, à Puisserguier, Hérault.
Vandenbergue (Émile), de Lens, à Campagnan, Hérault.
Van Hœnacker (Polydore), de Calais, à Puisserguier, Hérault.
Verhet (Marcel), de Boulogne-sur-Mer, à Lunas, Hérault.
Vinchon (Marcel), de Billy-Montigny, à Saint-Yan, Saône-et-Loire.
Vergauu (Marcel), de Billy-Montigny, à Saint-Yan, Saône-et-Loire.
Willeu (Gustave), de Pont-de-Briques, à Vieussan, Hérault.